集人文社科之思　刊专业学术之声

集 刊 名：翻译与传播
主　　编：高明乐
主办单位：北京语言大学外国语学部
协办单位：中国外文局当代中国与世界研究院

TRANSLATION AND COMMUNICATION

顾　　问（按姓氏拼音排序）
　　　　　黄友义　罗选民　潘文国　王　宁　许　钧　许渊冲
刊名题字　叶培贵

编辑委员会

主　　任　段　鹏
委　　员（按姓氏拼音排序）
　　　　　高明乐　郭英剑　胡宗锋　李正栓　刘和平　任　文　王继辉
　　　　　王立非　王晓辉　王众一　文　旭　邢玉堂　许　明　张爱玲
　　　　　张　文　赵彦春　朱振武

编辑部主任　　高明乐
编辑部副主任　许　明

2023年第2期·总第8期

集刊序列号：PIJ-2019-373
中国集刊网：www.jikan.com.cn/ 翻译与传播
集刊投约稿平台：www.iedol.cn

翻译与传播

TRANSLATION AND COMMUNICATION

2023年第2期
总第8期

高明乐　主编

知识产权出版社
全国百佳图书出版单位
—北京—

图书在版编目（CIP）数据

翻译与传播.2023年.第2期：总第8期／高明乐主编.—北京：知识产权出版社，2023.12

ISBN 978-7-5130-9112-1

Ⅰ.①翻… Ⅱ.①高… Ⅲ.①语言学—丛刊 Ⅳ.①H0-55

中国国家版本馆 CIP 数据核字（2023）第 244837 号

责任编辑：刘 睿 邓 莹　　　　　　　　责任校对：潘凤越
封面设计：张国仓　　　　　　　　　　　　责任印制：孙婷婷

翻译与传播（2023年第2期　总第8期）

高明乐　主编

出版发行：	知识产权出版社有限责任公司	网　址：	http://www.ipph.cn
社　　址：	北京市海淀区气象路50号院	邮　编：	100081
责编电话：	010-82000860 转 8346	责编邮箱：	dengying@cnipr.com
发行电话：	010-82000860 转 8101/8102	发行传真：	010-82000893/82005070/82000270
印　　刷：	北京中献拓方科技发展有限公司	经　销：	新华书店、各大网上书店及相关专业书店
开　　本：	720mm×1000mm　1/16	印　张：	13.75
版　　次：	2023年12月第1版	印　次：	2023年12月第1次印刷
字　　数：	202千字	定　价：	99.00元

ISBN 978-7-5130-9112-1

出版权专有　侵权必究

如有印装质量问题，本社负责调换。

目录 Contents

中国典籍外译

魏晋南北朝时期文学典籍英译跨文化传播与
　　意义 ……………………………… 王敬慧　谢紫薇　孔艳坤 / 3
《国语》治理隐喻跨文化构建研究 ……………………… 王　敏 / 18
汤显祖戏剧《牡丹亭》日文译本的翻译美学追求 ………… 余静颖 / 36
翻译传播学视角下《庄子》英译本研究
　　——以默顿和任博克译本为例 ……………… 谭益兰　江钰萌 / 56

传播新动态

《管子》对外译介研究
　　——以传播效果为中心 …………………… 戴拥军　徐雪习 / 79
金庸武侠小说《射雕英雄传》英译本传播效果研究
　　——基于亚马逊读者评论的文本挖掘分析 …………… 谭　华 / 98
国家翻译实践中的红色文化译介传播：特征、价值与
　　路径 …………………………………… 焦良欣　孟冬永 / 117
朱成梁绘本在日本的译传与接受研究 ………… 刘　岩　黄如意 / 133

翻译研究

行动者网络理论视角下的口译行为者"符号性"
　　研究 …………………………………………………… 石铭玮 / 151

激活经典:《论语》多模态翻译中的叙事
　　研究 ················· 王　梅　王福祥　夏　云 / 165
中国时政话语流水句英译的句法象似性研究 …… 郭春莹　高明乐 / 183
作为传播效果检验手段的文化回译
　　——以高居翰中国绘画史著述汉译中的术语回译
　　为例 ·· 李娟娟 / 196

CONTENTS

Translation of Chinese Classics

A Study on the Significance of the C – E Translation of Literary Classics in the Wei, Jin, Northern and Southern Dynasties from the Perspective of Intercultural Communication
       WANG Jinghui, XIE Ziwei, KONG Yankun / 17

Cross – Cultural Construction of Governance Metaphors in *The Discourses of The States* *Wang Min* / 35

The Aesthetic Pursuit in the Japanese Translation of Tang Xianzu's Drama "The Peony Pavilion" *Yu Jingying* / 54

A Comparative Study on International Communication of *Zhuangzi*' s English Versions from the Perspective of Translational Communication Theory
 —Taking Two English Versions translated Respectively by Thomas Merton and BrookZiporyn Translation *Tan Yilan, Jiang Yumeng* / 75

New Tendencies of Communication Research

A Study of Foreign Translation of *Guanzi*
 —With an emphasis on its effectiveness in communication
           Dai Yongjun, XuXuexi / 97

The Dissemination Effect of the English Translation of Jin Yong's MAF *The Legend of the Condor Heroes*
 —A Text Mining Study of Overseas Reader Comments on Amazon
              Tan Hua / 116

The Translation and Transmission of Red Culture in State Translation Program: Characteristics, Values, and Paths
Jiao Liangxin, Meng Dongyong / 131

Dissemination and Reception of Zhu Chengliang's Picture Books in Japan
Liu Yan, Huang Ruyi / 146

Translation Studies

A Research on the Symbols of Interpreting Agents from the Perspective of Actor – Network Theory *Shi Mingwei* / 164

Activating Classics: A Narrative Study of the Multimodal Translation of *The Analects* *Wang Mei, Wang Fuxiang, Xia Yun* / 182

A Study on Syntactic Iconicity in the Translation of Run – on Sentences in Chinese Political Discourse *Guo Chunying, Gao Mingle* / 195

Cultural Back – translation as a Litmus for Dissemination Effects
—A Case Study on the Back – translation of Art Terms in James Cahill's Works on the History of Chinese Painting *Li Juanjuan* / 210

中国典籍外译

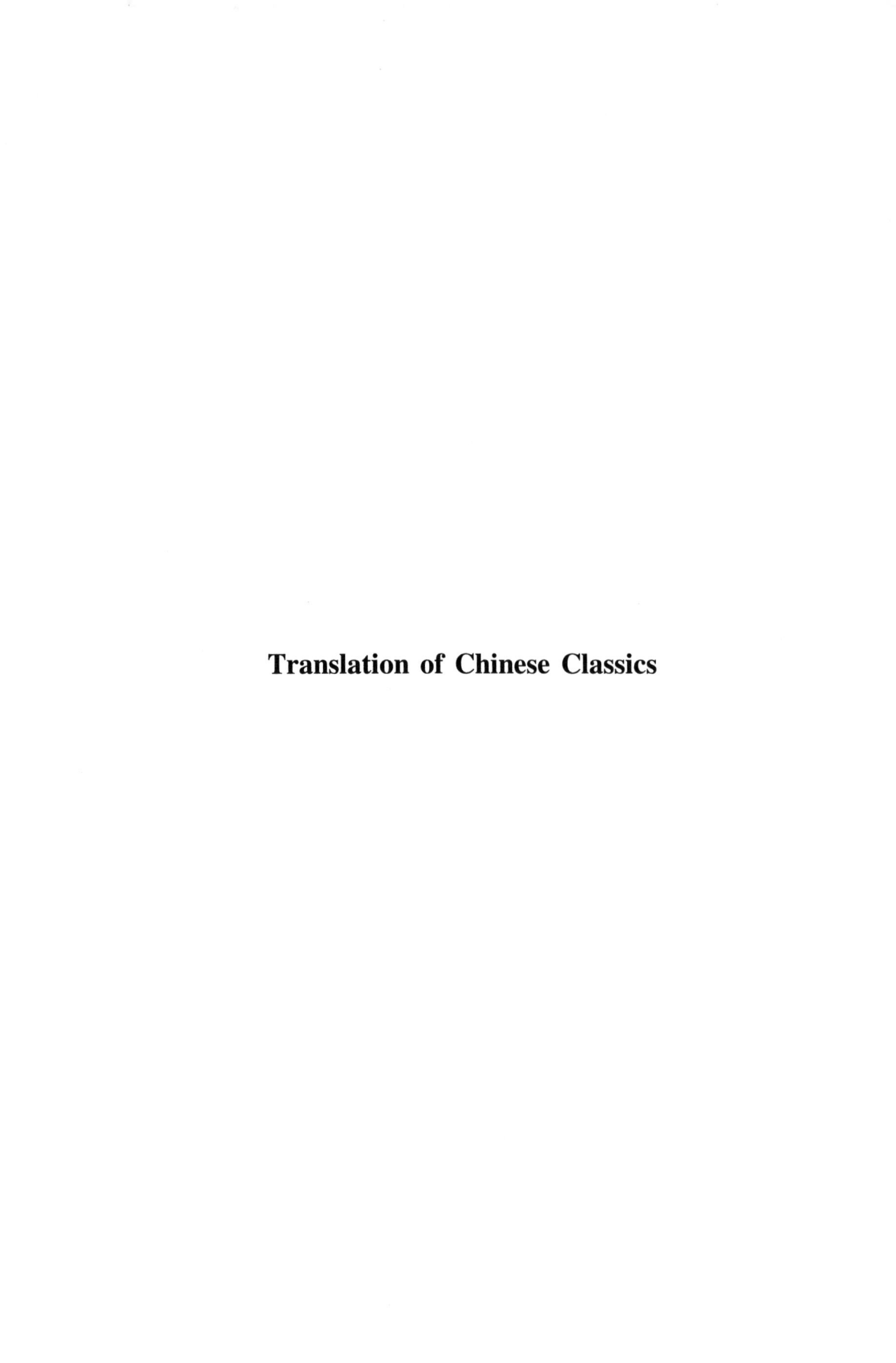

Translation of Chinese Classics

魏晋南北朝时期文学典籍英译跨文化传播与意义

王敬慧　谢紫薇　孔艳坤*

摘　要：魏晋南北朝时期的文学典籍以其多样性以及文学创作思想转变的开创性，对中国文学发展产生深刻影响，并成为中国文学经典的重要源泉之一。然而与其他时期的典籍英译研究情况相比，关于魏晋南北朝时期典籍的英译研究无论从研究数量还是研究深度上来看尚存在不足。这一时期的文学典籍英译存在覆盖范围狭窄和译本存量稀少的问题，另外，这些少量的典籍译本在普通读者中的流行程度较低，且译本呈现出明显的学术性。但魏晋南北朝时期的文学典籍在中国文学史乃至世界文学史上都是不容忽视的存在，这一时期典籍英译的意义主要表现在两个方面：其一，丰富魏晋南北朝时期文学典籍在海外的传播史，并为后续研究提供文献基础；其二，丰富中国典籍英译的传播模式，提高文化传播的效率，促进中西文明之间的平等交流。

关键词：魏晋南北朝；文学典籍英译；跨文化传播

---

* 王敬慧，清华大学外文系教授、博士生导师，主要研究方向为比较文学、翻译与跨文化研究；谢紫薇，孔艳坤，清华大学人文学院外国语言文学系博士研究生，主要研究方向为翻译与跨文化研究。
本文是教育部中华优秀传统文化专项课题（A类）重大项目（尼山世界儒学中心/中国孔子基金会课题基金项目）："中医文化核心理念跨文化诠释研究"（23JDTCZ012）阶段性成果。

引　言

　　魏晋南北朝（220—589）是中国历史上一段独特而引人注目的时期，在中国文学史的长河中，这段时期也独树一帜，自成一派，呈现出丰富多样的文化与创作风貌。从历史阶段看，在这段近四百年的时间里，存在的政权有三国、两晋、十六国，南朝的宋、齐、梁、陈，北朝的北魏、东魏、西魏、北周、北齐等 30 多个政权，其中比较重要的王朝有 6 个，它们分别是东吴、东晋和南朝的宋、齐、梁、陈，所以史学家也经常将魏晋南北朝称为六朝时期。王朝的频繁更迭导致社会动荡，但也激发了思想的勃兴。在这一时期玄学的兴起、佛教输入和道教兴发，同时希腊与波斯文化也在此时渐入中国并产生影响（易滢，2018：324），诸多文化杂糅交织，使得这一时期成为中国古代思想勃兴的又一重要时期。思想的勃兴体现在文学创作上就是魏晋南北朝时期的文学无论从文学形式还是内容上来看都是中国古代文学生发的关键时期。这一时期文学作品对中国文学发展产生了深远的影响，其影响主要表现在以下几个方面：第一，促进了古代汉语的形成和发展。魏晋南北朝时期的文学作品语言风格突出，这种文学语言成为中国古典文学的主要语言形式，并在后来的文学发展中得到了继承和发扬。第二，推动了诗歌形式的革新与创作的繁荣。诗歌是魏晋南北朝时期的主要文学形式之一。此时的文学家如曹操、陶渊明、谢灵运等创作出了大量优秀的诗歌作品，这些作品深刻影响了后来的诗歌创作，并成为中国诗歌史上的经典之作。第三，丰富了古代小说的题材和形式。小说这一文学形式尤其是志人小说与志怪小说在魏晋南北朝时期得以发展繁荣，如志人小说《世说新语》与志怪小说《搜神记》等作品都为后世所称道，这些作品在古代小说的发展中起到了重要的推动作用，并对后来的小说创作产生了深远的影响。第四，倡导了文学创作者的自主表达与情感抒发。魏晋南北朝时期文学家们在创作时注重表达个人的感受和思想，注重作家的个性展现与情感的自由抒发，这种文学创作观念和风格为后来的文学发展奠定了基础，推动了作家的自由表达和文学的独立发展。总的来说，魏晋南北朝文学作品对中国文学的发展无论从创作风格、题材革新，还是从创作思想上来说都产生了重要的影响，不仅丰富了中国文学的形式和内容，而且也倡导了文学的自由和独立，这种文学创作思想和精神在后来的文学发展中一直被继承和发扬。魏晋南北朝时期的文学典籍以其内容的丰富性、形式的多样性以及文学创作思想转变的开创性而著称，对中国文学发展产生深刻影响，成为中国文学经典的重要源泉之一。

一 魏晋南北朝时期中华典籍英译研究情况

相比于其他典籍的英译及海外传播的研究现状，针对魏晋南北朝时期典籍英译的研究数量相对较少，且选定研究的译作较为集中。除了少数学者会讨论陶渊明等作家的经典散文英译，大多数研究都是围绕《世说新语》和《文心雕龙》开展的。比如，范子烨（1998：217）的《马瑞志的英文译注本〈世说新语〉》指出马瑞志英文译注本中最有价值的部分是其对原文及刘孝标注释的翻译。该文提到对于《世说新语》的翻译倘若成功将大大便利西方学者对中国中古文化史的全面把握和深入研究，发现诸如文学、历史、哲学、宗教、美学、伦理、心理和科学等方面的大量第一手材料，而这也正是魏晋南北朝文学典籍有望实现的文化价值。加拿大汉学家欧大年（Daniel L. Overmyer）便认为马瑞志的《世说新语》英译本表达精妙，有利于读者了解自汉代以后佛教在中国发挥的作用（Overmyer，1977：200）。陈瑜敏和王璐瑶的《评价系统视角下〈世说新语〉及其英译比较研究》一文在语篇评价系统研究框架内通过对《世说新语》及其两部英译中体现态度意义的语言资源进行对比分析，发现《世说新语》原文存在大量态度资源，其中情感类出现的次数最多，评判其次，鉴赏最少。范子烨认为这些态度有积极意义与消极意义，表达方式有显性表达也有隐性表达，其中积极、显性的资源占多数。马瑞志（陈瑜敏、王璐瑶，2016：35）译文中态度一致的比例高于马照谦译文。

关于《文心雕龙》的英译本，钟明国（2009：195）的《整体论观照下的〈文心雕龙〉英译研究》以强调事物整体性的整体论视角入手，指出在整体论翻译观视域下现有英译本的成功与不足之处及其所隐含的理论根源，以便之后的《文心雕龙》英译和典籍英译在前人的基础上扬长避短，从而更充分地实现典籍外译的文化目的。英国汉学家大卫·霍克思（David Hawkes）在为美国华裔学者施友忠（Vincent Yu-chung Shih）翻译的《文心雕龙》英译本 The Literary Mind and the Carving of Dragons 所写的书评中提到汉学界对中国文论的接触较晚，而施友忠的英译本颇具可读性，既流畅又妥帖。由于原文本的理解存在难度，霍克思指出施友忠的译本也存在对"风骨"等中国文论的概念理解有误的问题，并在文末希冀施友忠等学者可以不断提高《文心雕龙》英译本的质量（Hawkes, 1960：331-332）。

除了《世说新语》和《文心雕龙》的英译本，《文赋》的英译本也颇受关注。程汇涓的《陆机〈文赋〉英译探赜》一文以四种译本为研究对象，探讨《文赋》翻译的思想性和艺术性，并分析译者的翻译策略。她认为《文赋》思想性与艺术性并重的特点使其翻译工作颇具挑战（程汇涓，2008：58）。此外，蔡新乐的《作为翻译原则和方法的"推己及人"与"能近取譬"——以宇文所安的曹丕〈典论·论文〉英译为例》一文以宇文所安翻译的《典论·论文》为研究对象，指出"推己及人"作为一种方法运用于翻译实践在思想上重视的是"体贴"，亦即转化原作之中的意涵和形象，其表现在形式上强调的是"能近取譬"，亦即以具体、具象的方式传递其中的信息。蔡新乐（2014：82）指出宇文所安所作的曹丕《典论·论文》英译因背离"体贴"和"能近取譬"两方面的要求导致译文多有差池。英国文学批评家瑞恰慈（Ivor Armstrong Richards）在英国汉学家修中诚（E. R. Hughes）所译的《文赋》英译本 Lu Chi's "Wen Fu" A. D. 302 的"前言"中曾提到倘若能用心领悟《文赋》中的内容，可能会引发大的变革（Lu, 1951：x），而《文赋》作为文本的价值正是其英译本研究应当着力的方向。

学者在关注上述魏晋南北朝文学典籍英译情况的同时，亦会谈及其在海外的传播情况。戴文静和吕检生（2022：81）的《〈文赋〉海外英译及其接受研究》一文中通过对《文赋》英译本的海外译介情况进行爬梳，考察其海外接受情况，发现《文赋》的大部分英译本在西方社会处于边缘化的状态，还未真正进入西方大众读者的主流视野之中，其中国内译者和华裔译者的《文赋》译本更是无人问津。这种无人问津的情况并非《文赋》所独有。二人为此建议中国文论译介过程不能一味地逐字翻译，堆砌大段的注释，还要关注译作的传播和接受问题，建立健全反馈机制，了解西方读者审美需要及市场需求，有针对性地选择适当的译介策略，以提高译本在海外的接受度。此外，还需加强国内学者和西方汉学家或华裔学者的合作，切实有效地推动中国文论"走出去"。为了让更多西方读者接受中国文论典籍，还需要重视销售等环节，拓宽对外传播与交流的路径，并加强与西方主流媒体的合作宣传（2022：81）。翻译传播是一个立体的过程，并不仅仅局限于从原文到译文的文本过程，为了提升翻译与传播的效度，学者大都强调关注翻译传播各个流程与环节的必要性。除了探讨译本在英语世界的传播情况，学者也会探讨译本在某个国家或地区的传播情况。李凤琼（2016：30）的《〈文赋〉在美国：从方志彤到麦克雷什》指出《文赋》在美国的传播取决于美国文化的需求。20世纪五六十年代，美国社会经历了巨大变革，城市化运动破坏了人与自然之间的和谐，工业文明将人性异化为资本运行的附庸，因此中华文化中所蕴含的天人合一、回归自然等思想观念受到了美国社会的关注。正如李凤琼所言，《文赋》等中国文化典籍对外传播不仅需要考虑自身译本的质量，更应当注重译入语文化的需求。倘若能够如同《文赋》一样对症下药，在进入译入语文化的时候对其社会存在的问题有的放矢，满足其读者在审美和心理等方面的需求，势必可以在传播效果上更加理想。因此，对于海外读者需求的调研或成为提升翻译传播水平过程中可以考虑的一个环节。

翻译学者大多选取魏晋南北朝时期中华典籍中的某部作品开展研究，采取多样的翻译视角探讨其译本的特点，并简略涉及相关译本在英语世界的传播情况。目前，以魏晋南北朝时期中华典籍这一整体为研究对象的学术成果较少。由于魏晋南北朝时期的文学题材众多，涉及诗、散文、小说和文论等方面，因此对这一时期典籍英译的研究有助于对不同体裁文学作品的英译与传播进行考察，同时丰富中国典籍英译史，并为今后魏晋南北朝时期的文学典籍在英语世界的传播提供翻译策略和传播方法等方面的启示。

二 魏晋南北朝时期中华典籍英语世界传播现状描摹

要了解魏晋南北朝的文学典籍在英语世界的传播情况，首先要了解大体的译本存量。魏晋南北朝三百余年来，王朝的频繁更迭带来了文学艺术的改革与繁荣，出现了建安文学、太康文学、元嘉文学等多个文学繁盛时期。

魏晋南北朝时期的文学以典籍为载体得以流传于世。古籍中的内容虽佶屈聱牙、语意幽微，但透过注疏述评，仍能揭开古文中的奥秘，考镜源流，可见先哲之心。本研究以《中国古籍总目》与《中国古代文学史》的典籍目录为书目索引，以《中国文献西译书目1901—2017》为参照，聚焦诗、散文、小说与文论四个方面的文学原典考据和英译版本考据研究。以魏晋南北朝时期四种主要文体中比较具有代表性的作品的外译情况为基础，作如下描述。

（一）诗

魏晋南北朝文学是古代各种文学品类、体裁的重要发展和完善时期。中国古典诗歌在此时高度发展。建安文学中四言、五言、七言诗，乐府歌辞，赋、玄言诗均在此时期逐渐走向成熟，并产出许多精品，例如曹操的《步出夏门行》《对酒》。东晋时期著名的《兰亭诗集》中主要收录的就是玄言诗，以上案例均可反映出魏晋南北朝时期诗歌的繁盛场景。除此之外，民歌在这一时期也占有一席之地，例如《敕勒川》《木兰诗》都是中国文学史上不可忽视的佳作。魏晋南北朝时期的诗歌英译主要有三种译介模式，结集成册出版、个人诗集出版与零散译介。

华裔译者吴伏生与格雷厄姆·哈蒂尔（Graham Hartill）合译了《三曹诗选英译》(Selected Poems of the Three Caos：Cao Cao，Cao Pi，and Cao Zhi)，以建安文学为主要背景，搜集了曹操、曹丕与曹植的八十首经典诗歌进行译介。著名汉学家宇文所安（Owen Stephen）与田菱（Swartz Wendy）合译了《阮籍和嵇康的诗》(The Poetry of Ruan Ji and Xi Kang)。汉学家马瑞志（Richard B. Mather）翻译出版了《永远光辉的时代：永明时期的三位诗人》(The Age of Eternal Brilliance：Three Lyric Poets of the Yung-ming Era 483—493)，诗集中主要收录了沈约、谢朓与王融的部分代表诗作。除了出版诗集，还有将诗歌单独翻译出版的情况。比较具有代表性的是汪榕培先生翻译了南北朝时期著名的乐府民歌《木兰诗》(The Mulan Ballad)。此外，《木兰诗》还有两个英译本，分别为珍妮·李（Jeanne Lee）翻译的 The Song of Mulan，以及卡梅伦·杜基（Cameron Dokey）翻译的 Wild Orchid：A Retelling of "The Ballad of Mulan"。这一时期的诗人包括曹植、阮籍、嵇康、陶渊明等人均有个人英文诗集出版，其中以陶渊明的诗集出版数量最多，译介历史最长，其诗歌在国外的影响力最为深远。单独的诗集有 5 部，节译本包括威廉·艾克尔（William Acker）翻译出版的《陶隐士：陶潜诗六十首》(T'ao the Hermit：Sixty Poems by T'ao Ch'ien) 与大卫·辛顿（David Hinton）翻译出版的《陶潜诗选》(The Selected Poems of T'ao Ch'ien)，《陶潜诗选》中收录了包括组诗在内的 35 首诗歌；全译本有 3 部，张葆瑚（Lily Pao-Hu Chang）与辛克莱尔（Marjorie Sinclair）合译的《陶潜诗集》(The Poems of T'ao Ch'ien)，著名汉学家海陶玮（James Robert Hightower）翻译出版的《陶潜诗集》(The Poetry of T'ao Ch'ien) 以及 A. R. 戴维斯（A. R. Davis）翻译出版的《陶渊明：他的作品及其意义》(Tao Yuan-ming，His Works and Their Meaning)。除了这些英文诗集，陶渊明的诗歌还被收录在翟理思（Herbert A. Giles）的《古今诗选》(Chinese Poetry in English Verse)、亚瑟·韦利（Arthur Waley）的《汉诗一百七十首》(A Hundred and Seventy Chinese Poems) 等汉语诗歌英文诗选之中。除了西方汉学家，中国本土译者方重、谭时霖与汪榕培也都全译或选译了陶渊明的诗歌出版，但从海外读者接受情况来看，中国本土译者的译本在海外接受程度并不高。

（二）散　　文

散文在魏晋南北朝时期也进一步发展，并以骈文为主要代表。该时期不可忽视的散文名家是陶渊明，其《桃花源记》与《五柳先生传》流传至今，均有英译本出版。魏晋南北朝时期散文有个别独立译介的情况出现，但数量较少，其译介主要出现在涵盖多时期作品的英译散文集选之中。比较著名的有美国汉学家卜立德（David E. Pollard）编译的《古今散文英译集》（The Chinese Essay），其中收录了以陶渊明为代表的东晋作家的若干散文；英国汉学家翟理思编译的《古文选珍：散文》（Gems of Chinese Literature：Prose）包含六朝时期的散文（Six Dynasties, & c. A. D. 200 to A. D. 600），其中包括刘伶、陶渊明等4位散文家的7篇散文佳作的英译本。除汉学家之外，本土译者也推出了相关的作品集，例如林语堂编译的《古文小品译英》（The Importance of Understanding：Translations from the Chinese）就是其中颇具代表性的佳作。除此之外，还有专门的个人文集，包括美国汉学家韩禄伯（Robert G. Henricks）译注的《嵇康文》（Translated All Nine of Hsi K'ang's Essay, Plus the Four Essays of his Opponents in Various Debates），荷兰外交官兼汉学家高罗佩（Robert Hansvans Guilk）翻译出版了嵇康的散文《琴赋》（Hsi K'ang and His Poetical Essay on the Lute）。总体来看，魏晋南北朝时期的散文作品英译尚处于起步阶段，并且将以研究为目的的汉学家零散译介作为主要模式。

（三）小　　说

魏晋南北朝时期小说的主要特点是出现了志怪小说与志人小说，这些作品反映了当时的社会文化，其中比较有名的是《搜神记》与《世说新语》，这两部作品均有英译本出版。魏晋南北朝小说英译绝大多数是以文集的形式译介出版。由于许多作品的原典已经遗失，现存的版本多是从后世的辑录中得来，原典的遗失也是该时期文学典籍英译欠缺的原因之一。华裔汉学家高辛勇（Hsin-yang Kao/ Karl S. Y. Kao）编译的《中国古代鬼神故事（3—10 世纪）》（*Classical Chinese Tales of the Supernatural and the Fantastic: Selections from the Third to the Tenth Century*）中包含魏晋南北朝时期的《搜神记》（*Shou-shen Chi*）、《神仙传》（*Shen-hsien Chuan*）、《列异传》（*Lieh-i Chuan*）、《幽明录》（*Yu-ming Lu*）等 13 部志怪小说。除此之外，杨宪益（Hsien-Yi Yang）、戴乃迭（Gladys Yang）合译了《不怕鬼的故事》（*Stories of not Being Afraid of Ghosts*）、《汉魏六朝小说选》（*Selected Chinese Tales of the Han, Wei and Six Dynasties Periods*）与《汉魏六朝小说选》（*The Men Who Sold a Ghost: Chinese Tales of the $3^{rd}-6^{th}$ Centuries*）。除了小说合集以外，也有以单独作者为主的英译小说集。其中比较典型的有，德沃斯金（Kenneth De Woskin）与柯迁儒（James Irving Crump）合译的东晋干宝的作品《搜神记》（*In Search of the Supernatural: the Written Record*）。中国本土译者也参与了《搜神记》的英译之中，其中语言学家与翻译家丁往道翻译并出版了《搜神记》（汉英对照）（*Anecdotes about Spirits and Immortals*），该版本作为经典译本，被收录在"大中华文库"之中。马瑞志（Richard B. Mather）翻译的东晋刘义庆组织编写的《世说新语》（*A New Account of Tales of the World*）以及阿尔文·科恩（Alvin Cohen）翻译的南北朝颜之推的有关因果报应的志怪小说集《冤魂志》（又作《还冤志》）（*Tales of Vengeful Souls: A Six Century Collection of Chinese Avenging Ghost Stories*），另《冤魂志》在《中国古代鬼神故事》中也有译本。

（四）文　　论

中国古代文论体系在魏晋南北朝时期走向成熟，《文心雕龙》与《诗品》开始了千余年来中国文学评论中的话语传统，影响不可谓不深远。除此之外，《典论·论文》和《文赋》等著作都是中国古代早期的文论著作，体现了魏晋南北朝时期的文学觉醒，对后期的文学创作与文学批评理论的发生与发展产生了深远的影响。在魏晋南北朝的文论英译本梳理中，陆机的《文赋》主要有 4 个译本，其中华裔汉学家陈世骧分别在 1948 年与 1952 年推出了两个版本：*Literature as Light against Darkness*：*Being a Study of Lu Chi's "Essay on Literature"*（1948）以及 *Essay on Literature*（1952），除此之外均为西方本土译者翻译，包括美国汉学家休士（Ernest Richard Huges）的译本 *The Art of Letters*：*Lu Chi's "Wen Fu"*、美国诗人山姆·汉弥尔（Sam Hamill）的译本 *Wen Fu*：*The Art of Writing*。除《文赋》之外，另一部魏晋南北朝时期的文论著作就是刘勰的《文心雕龙》，该部书主要有三个全译本，分别为施友忠翻译的 *The Literary Mind and the Carving of Dragons*、黄兆杰（Siu‐kit Wong）、卢仲衡（Allan Chung‐hang Lo）与林光泰（Kwong‐tai Lam）合译的 *The Book of Literary Design* 和中国本土翻译家杨国斌翻译的《文心雕龙》（汉英对照）*Dragon‐Carving and the Literary Mind*，该版本收录于"大中华文库"之中。除此之外，《文心雕龙》作为我国古代文论的经典之作，其篇章也被多次节译并收录于相关文集之中，例如匈牙利汉学家杜克义（Ferenc Tokei）的译本 *Genre Theory in China in the 3rd‐6th Centuries*（*Liu Hsieh's Theory on Poetic Genres*）、杨宪益与戴乃迭合译的《文心雕龙》中的 5 篇并发表于《中国文学》（*Chinese Literature*）第 8 期，其中宇文所安在《中国文学思想读本》（*Readings in Chinese Literary Thought*）中所收录的《文心雕龙》中的 18 篇文章在西方世界最为著名（王杨，2022）。

通过对魏晋南北朝时期的译本进行基础的爬梳、考据可以发现，已经存在一些文学作品被翻译到西方世界，并在海外进行传播。但是译本数量相较于原典来说存在覆盖面小、译本存量少的情况，除了少数作品重译与再版之外，绝大多数都只有单一译本。从译者情况来看，中国本土译者在魏晋南北朝作品译介的过程中参与度不高，多数译者为汉学家或者英语母语译者。近年来，随着中国文化软实力的提升，承载着传统文化的典籍作为文化输出的重要内容，其译介开始被各界关注，中国本土译者开始加入中国典籍的译介工作中，"大中华文库"项目的实施在国家层面上助推了中华典籍译介工作的进行,但从译本接受程度来看,中国本土译者在西方世界的接受程度普遍不高,馆藏数量较多的译本多为汉学家译本或者英语母语译者的译本。除此之外,从译本的用途来看,总体来说,这一时期的译本呈现出明显的学术性,在普通读者中的流传程度较低。

三 魏晋南北朝时期文学典籍英译意义旨归

(一)丰富魏晋南北朝时期文学典籍海外传播,为后续研究提供文献基础

对魏晋南北朝时期文学典籍按照相关目录进行整理以整体把握其英译情况,可以丰富中华古籍外译传播,形成魏晋南北朝文学典籍海外传播作品名录。此项研究能够为魏晋南北朝时期文学典籍海外传播史与翻译史研究提供文献基础。通过对现有魏晋南北朝时期文学作品英译情况进行研究可知,长期以来,英译态势总体来说缺乏系统性,较为零散,并且缺少针对性的译本集锦,仅有少数作品在涵盖多时代的文学作品英译集锦中有所涉及。此情况反映在相关研究上,表现为研究多集中于几部经典著作和几个经典作家,例如陶渊明、刘勰、嵇康等,其他作家作品往往被忽略,而现有的研究也缺少纵览魏晋南北朝时期整体的考虑,且研究深度亦有待进一步提高。对魏晋南北朝时期文学作品英译进行梳理,可以从宏观层面把握相关典籍在英语世界的翻译与传播历程,从历史的高度了解其发展态势,并在微观层面上通过对译本的整体辨读,把握译者、读者与译本之间的关系,最终提出立足中华文化、适应西方读者需求并且切实可行的魏晋南北朝文学国际传播的模式与对策。除此之外,通过对魏晋南北朝时期英译情况的全面把握,特别是对海外汉学家与英语母语译者译本的搜集、整理与对比辨读,可以形成以魏晋南北朝时期文学典籍为核心的中西文学文化的跨时空对话。以时间为轴,将魏晋南北朝时期的文学平移至世界同时期文学的发展路径中,从而完成对

同时期中西文学发展对比研究，辨别中西文化的差异性与共通性，进一步促进文化的平等对话。

（二）建立中国典籍英译传播模式，提高文化传播效度，促进中西文明的平等交流

魏晋南北朝时期文学作品的英译或者将问题扩展到魏晋南北朝时期文学作品的外译问题，其本质与意义所在是以魏晋南北朝时期的文学典籍为载体的中华文化要素海外传播的潜在动能。魏晋南北朝时期的文学是中华传统文化中观念文化的组成部分，而典籍则是观念文化的重要载体，因此魏晋南北朝时期文学典籍的英译与传播可以被定义为中华观念文化海外输出中的基础部分与重要环节。文化的输出不能一蹴而就，也不能仰仗单一主体，文化传播的过程是各个主体通力合作的过程。以"典籍—译本"为核心的观念文化的海外输出活动发生在以"作者、原典、译者、译著、读者、原语文化圈与异语文化圈"七个要素所构成的观念文化传播场之中（见图1），以魏晋南北朝时期文学典籍作品外译为载体的中国观念文化传播场以译者为中介，以原典与译本为核心，同步关联了作者及其所代表的原语文化圈与读者及其所代表的异语文化圈。典籍译者通过翻译活动影响译著，译著又通过读者的阅读影响读者，进而影响整个异语文化圈层，这就构成文化的"外向"传播。同时，借由翻译的反作用力，译者作为一个特殊的读者通过对原著的"改写"也给原语文化圈中读者对于典籍的解读提出新的可能性，这就完成了文化"内向"的改写。通过文化的"外向传播"与"内向改写"促使传统文化不断焕发出新的生命力。

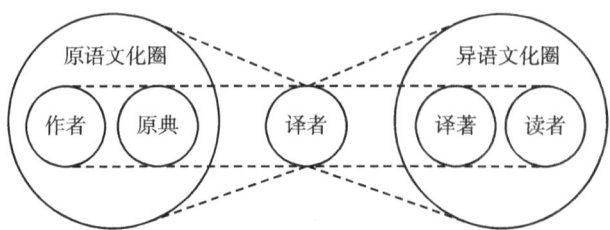

图1 以"典籍—译本"为核心的观念文化的海外输出活动

魏晋南北朝时期虽然社会动荡，但是思想发展异常繁荣，学界普遍认为魏晋南北朝是我国历史上第二个"百家争鸣"时期。这一时期人们的思想意识及其关系结构在文化最高层次上已经突破了两汉时期"唯儒学独尊"的思想束缚，转而更加深入地研究和探讨"天人之际"的相互关系。儒家的伦理济世学、玄学家的宇宙本源学、佛家的思辨哲学、道教的养生之学，杨朱的人生哲学，以及杨泉的物理论、裴頠的崇有论、范缜的灭神论等学说共同构成了魏晋南北朝时期的文化底色（许辉、李天石，2003：418）。思想的繁荣直接促成了文学艺术的勃兴，也为观念文化的输出提供了丰富的素材。以时间为轴心将魏晋南北朝时期的文学外译活动进行深度描写，了解魏晋南北朝时期的文学典籍所传递出的观念文化并将这一文化在世界范围内进行普及，可以让世界更多地了解中国。研究魏晋南北朝时期的典籍观念还可为培养具有国际视野的研究者与读者，有效推动中西文化的平等交流与对话，为实现人类命运共同体奠定基础并提供启发。

四 结　语

魏晋南北朝时期的文学古籍外译研究是中华文化经典古籍文献研究的一个组成部分。习近平总书记高度重视中华优秀传统文化的创造性转化和创新性发展，传承和弘扬中华传统文化已经成为时代精神和社会共识。政策指导下的中国古籍修复、编纂、整理及数字化转化工作已经卓有成果，同时依托于古籍修复的典籍外译工作也在如火如荼地进行。梳理魏晋南北朝文学典籍英译发展史，并形成完整的英译目录，能够为魏晋南北朝文学典籍英译研究、翻译史研究、文化传播研究提供必要的史料。同时，以魏晋南北朝文学典籍英译与传播数据为突破口，可以进一步推动中国文化概念的海外传播广度与传播深度。国家政策支持、数字人文技术的不断革新与前人对于中华古籍的整理与发现为魏晋南北朝时期典籍的英译与传播研究奠定了社会基础、技术基础与文献基础。利用最新的科技成果，推进魏晋南北朝时期古籍英汉双语平行语料库的搭建，并协同文化国际交流平台、中华文化教育平台与外译应用平台的同步发展将是未来魏晋南北朝文学典籍外译"产—学—研"一体化的可行性发展路径，为中国传统文化数字化与科学化的发展提供便利。

参考文献

[1] 蔡新乐. 作为翻译原则和方法的"推己及人"与"能近取譬"——以宇文所安的曹丕《典论·论文》英译为例 [J]. 中国外语, 2014 (4): 82 - 90.

[2] 陈瑜敏, 王璐瑶. 评价系统视角下《世说新语》及其英译比较研究 [J]. 北京科技大学学报（社会科学版）, 2016 (1): 29 - 36.

[3] 程汇涓. 陆机《文赋》英译探赜 [J]. 英语研究, 2008 (2): 53 - 58.

[4] 戴文静, 吕检生. 《文赋》海外英译及其接受研究 [J]. 外国语文研究, 2022 (5): 71 - 82.

[5] 范子烨. 马瑞志的英文译注本《世说新语》[J]. 文献, 1998 (3): 210 - 229.

[6] 李凤琼. 《文赋》在美国: 从方志彤到麦克雷什 [C] //中国古代文学理论学会. 作为理论资源的中国文论——古代文学理论研究（第四十二辑）. 上海: 华东师范大学出版社, 2016: 17 - 30.

[7] 许辉, 李天石. 六朝文化概论 [M]. 南京: 南京出版社, 2003: 418.

[8] 王杨. 《文心雕龙》翻译现状述评 [J]. 燕山大学学报（哲学社会科学版）, 2022 (4): 45 - 51.

[9] 易滢. 古汉语与文学基础（上）[M]. 南京: 江苏大学出版社, 2018: 324.

[10] 钟明国. 整体论观照下的《文心雕龙》英译研究 [D]. 天津: 南开大学, 2009.

[11] HAWKES, DAVID. Reviewed Work (s): The Literary Mind and the Carving of Dragons. by Liu Hsieh and Vincent Yu - chung Shih [J]. The Journal of Asian Studies, 1960 (3): 136 - 139.

[12] LU, CHI. Lu Chi's "Wen Fu" A. D. 302 [M]. translated by Hughes, E. R., New York: Pantheon Books, 1951: x.

[13] OVERMYER, DANIEL L. Reviewed Work (s): Shih - shou hsin - Yü: A New Account of Tales of the World by Liu I - ch'ing, Liu Chün and Richard B. Mather [J]. History of Religions, 1977 (2): 194 - 200.

A Study on the Significance of the C – E Translation of Literary Classics in the Wei, Jin, Northern and Southern Dynasties from the Perspective of Intercultural Communication

Wang Jinghui, Xie Ziwei, Kong Yankun

Abstract: The literary classics of the Wei, Jin, Northern and Southern Dynasties have had a profound influence on the development of Chinese literature, owing to their diversity and the transformative shifts in literary thought. However, compared with other Chinese literary works, there has been relatively limited research on the English translation of the classics from the Wei, Jin, Northern and Southern Dynasties. The English translations of literary classics from this era suffer from issues such as narrow coverage, scarcity of translated editions, and a lack of popularity among general readers. Moreover, the existing translated editions tend to have a distinctly academic nature. The significance of English translations of literary classics from the Wei, Jin, Northern and Southern Dynasties can be seen in two aspects. Firstly, they enrich the history of the dissemination of these works overseas, providing a documentary foundation for future research. Secondly, they establish a model for the dissemination of Chinese classics in English, enhancing the efficiency of cultural communication and facilitating equal exchanges between Chinese and Western civilizations.

Keywords: Wei, Jin, Northern and Southern Dynasties; English Translation of Literary Classics; Cross Cultural Communication

《国语》治理隐喻跨文化构建研究

王 敏*

摘 要：本文以扩展概念隐喻理论为分析框架，聚焦《国语》治理话语的隐喻表达跨文化构建，梳理《国语》治理思想及其隐喻表达的类型，分析英译策略。治理隐喻主要分为七类：民本隐喻、友邦隐喻、人才隐喻、义利隐喻、文治/武功隐喻、教化/德政隐喻、家国/归附隐喻。译者从认知和语境两个层面入手，采用直译为主的翻译策略，转化表层语言结构，构建深层概念认知语境和话语语境，以实现隐喻的跨文化构建。译者的翻译实践传递中国治理文化的集体思维特点，发挥隐喻的劝诫交际功能，对治理文化的对外传播具有积极意义。

关键词：《国语》；治理隐喻；典籍翻译；扩展概念隐喻理论

引 言

习近平总书记强调牢记历史经验、历史教训、历史警示，为国家治理能力现代化提供有益借鉴。深入发掘和批判借鉴中国古代的治理思想

---

* 王敏，绍兴文理学院外国语学院讲师，主要研究方向为认知语言学、典籍外译。
本文系 2021 年度教育部人文社会科学研究青年基金项目"儒家十三经数据库建设与应用研究"（编号：21YJC740003）、浙江省越文化传承与创新研究中心课题"越文化历史典籍的英译与传播研究"（编号：2021YWHJD03）成果之一。

和治理智慧，尤须溯源到中华思想文化奠基的"轴心时代"——春秋战国时期（张兆端，2020）。先秦的治理话语代表作《国语》蕴含丰富的中国传统治理智慧，其中隐喻表达是其突出特色。新时代，为世界贡献"中国之治"的智慧，《国语》治理话语的隐喻表达英译研究具有特殊意义。大中华文库出版的《国语》节译本为《国语》首部英语译本，是中国古代治理文化对外传播的重要成果。

隐喻具有文化特异性，是文化传播的良好媒介和概念形成的基本方式（孙毅、王媛，2021）。跨语言隐喻构建是治理文化对外传播的难点。学者们多聚焦当代治理隐喻分析与英译（卢卫中等，2019；卫明高等，2018），目前古代治理隐喻英译研究相对不足。笔者曾尝试探讨《越绝书》《吴越春秋》中隐喻英译策略，译者不仅选择适当目的语隐喻源概念，构建目标概念（王敏，2021），而且通过文内注释和显化策略为隐喻构建文本与文化语境，以实现隐喻功能和意义的跨文化构建（王敏，2023）。在此基础上，本文继续从隐喻角度探讨典籍中治理文化的外译并力图回答三个问题：（1）《国语》中治理话语的隐喻系统如何？（2）译者在跨文化传播中采取何种翻译策略进行治理隐喻的跨文化构建？（3）译者采取翻译策略的原因和效果如何？

一　扩展概念隐喻理论视角

概念隐喻主要是概念域间的匹配，即一个具体或物理实体（源域）为更抽象的实体（目的域）提供通达（Lakoff & Johnson，2003：176）。扩展概念隐喻理论沿语境维度实现理论扩展，详细探讨语境对隐喻使用的触发影响，依据语境的多样性揭示了概念隐喻的灵活性（张馨月，2021）。扩展隐喻理论认为广义的语境包含情景语境、话语语境、身体语境和概念认知语境（Kövecses，2020：165）。在典籍翻译中，话语语境与概念认知语境是激活隐喻的关键语境。话语语境因素包括上下文话语、先前话语、说话者、话题、听者的知识，话语形式。概念认知语境因素包括隐喻概念系统、意识形态、关注点和兴趣、历史（孙毅，2021）。

本文首先分析《国语》所蕴含的隐喻映射，考察隐喻的源域和目的域，分析概念认知语境，探讨目标概念的建构。然后考察隐喻识解和生成的话语语境，探索隐喻交际功能。最后在此基础上，探索译者隐喻跨文化构建的策略。

二 《国语》中的治理隐喻类型

《国语》是我国最早的国别史，记载了从西周至战国初年周、鲁、齐、晋、郑、楚、吴、越八国部分历史人物的言论和事实，是了解先秦时代治理文化的重要典籍。《国语》长于记载历史人物的谏言与对话。人物谏言常常巧譬善喻，很多成为后世治国理民的至理名言（王宏、赵峥，2012：19）。"治学"是国家治理之学。从"治学"的角度来看，《国语》所载诸侯国层面的治理也能为国家治理提供丰富的启示（潘文国，2023：36）。

经过查找、分析、归类和整理（见表1），发现《国语》的概念隐喻主要为有机体隐喻、工具隐喻、自然隐喻、疾病隐喻、建筑隐喻、饮食隐喻、家庭隐喻、商贸隐喻八大类。其中有机体隐喻分为植物、动物、人体隐喻三种，数量最多，关键词数量多达53例。以关键词计算，全书隐喻关键词为116例。

三 先秦治理隐喻的概念认知语境：体系与映射

治理隐喻以治理思想为目标概念，本节对《国语》治理思想体系进行认知阐释，具体分析治理隐喻概念如何通过源域向目的域映射，如何在《国语》的话语语境下得以激活。例句后面标注《国语》章节名称，以便于读者对话语语境有所了解，不再具体标注书中页码。张兆端（2020）通过分析先秦诸子传世典籍，指出先秦治理思想包括以民为本的治理主题、以民为察的畏民意识，为民谋利的治理归宿，儒家治理以德政教化为主要治理手段。经过隐喻表达梳理，发现《国语》治理

《国语》治理隐喻跨文化构建研究

表1 《国语》治理话语中的隐喻类型和隐喻关键词

概念隐喻		隐喻关键词	关键词总数（例）
有机体隐喻	人体	股肱、贰若体焉、上下左右、以相心目、用而不倦、身之利、为我心、利之足、若体性、有首领股肱、手拇毛脉、若遗迹、擎起死人而肉白骨、盈而不溢、盛而不骄、劳而不矜其功、谓之盗	18
	动物	封豕、豺狼、蝎蟹、鸟乌、集于苑，独集于枯、如饿豺狼、狐埋之、狐搰之、为虺、为蛇、群兽、百群、以为牝、以为牡、国之尾、牛马、虮虱、爪牙之士	19
	植物	伐木不自其本、黍稷无成、黍不成黍、稷不为稷、若黍苗之仰阴雨也、能成嘉谷、如谷之滋、譬如农夫作耦、以刘杀四方之蓬蒿、如草木之产、各以其物、生民之本、拱木不生危、松柏不生埤、坚树在始、怨之本	16
工具隐喻		有冠、犹宫室之有墙屋、譬如蓑笠、伐柯者其则不远、载戢干戈、载橐弓矢、信之要、不失其柄、甲不解累、兵不解翳、彀无弓、服无矢、垂橐而入，稛载而归、国之纪、民之结、政之干、礼之宗、楚之所宝	19
自然隐喻		防川、所生、所载、生利、伐木、塞水、从怀如流、防大川、若川然有原、卬浦、犹粪土、为川、决之使导、水之归下	14
疾病隐喻		非急病、畏威如疾、上医医国、其次疾人、固医官、不飨谷而食蛊、不昭谷明而皿蛊、有腹心之疾、疥癣	9
建筑隐喻		有蔽、有渚、有劳、耻门不闭、德义之府、亡之阶、国之栋、德之建	8
饮食隐喻		晋之柔嘉，是以甘食、礼先壹饭、饩饭不及壶飧	4
家庭隐喻		刑于寡妻、至于兄弟、御于家邦、亲吾君、犹父母	5
商贸隐喻		夏则资皮、冬则资絺、旱则资舟、水则资车	4

思想，符合张兆端的分析，民本隐喻表达了"以民为本"为治理主题，友邦隐喻、人才隐喻、义利隐喻、文治/武功隐喻、教化/德政隐喻表达了以"人治德政""文治教化"为主的治理手段，家国/归附隐喻表达了"亲吾君犹父母"为治理目标，体现了儒学为主的政治伦理学。治

理隐喻主要分为七类：民本隐喻、友邦隐喻、人才隐喻、文治/武功隐喻、义利隐喻、教化/德政隐喻、家国/归附隐喻。

（一）民本隐喻

例1：防民之口，甚于防川。川壅而溃，伤人必多，民亦如之。是故为川者，决之使导；为民者，宣之使言。（《周语·邵公谏厉王弭谤》）

You are blocking people's mouths. In so doing, you will face consequences greater than blocking the river. When rivers are blocked, they will burst the banks and kill a lot of people. The same is true with blocking people's mouths. Therefore, those who harness a river should dredge the watercourse and allow the water to flow smoothly while those who administer a country should guide the people and allow them to speak freely.

例1中，邵公劝诫周厉王治理百姓，就应该开导人民，让他们讲话。而厉王堵塞百姓之口。"防民之口，甚于防川"是自然隐喻，水为源域，以人民的批评为目标域。君王应谨遵"以民为察"的畏民意识，"口之宣言也，善败于是乎兴"。而周厉王不听，最后被流放到彘地。

例2：夫民心之愠也，若防大川焉，溃而所犯必大矣。（《楚语·子常问蓄货聚马斗且论其必亡》）

The fury stored among the people is just like a big river contained by a dyke. If the flood breaks through the dyke, it will cause great damage.

例2出自《楚语》。楚令尹子常，聚敛财富，如同饥饿的豺狼，完全不顾民生，造成民心愠怒。斗且认为楚国必亡，因为民心向背是国家治理的归宿。后吴楚发生柏举之战，子常奔亡到郑国，而楚昭王奔亡到随国。

例3：夫利，百物之所生也，天地之所载也，而或专之，其害多

矣。匹夫专利，犹谓之盗。王而行之，其归鲜矣。(《周语·芮良夫论荣夷公专利》)

Financial interest is the outcome made of many materials or the product of Heaven and Earth. If someone monopolize it, many people will resent him, yet no preparation has been made to guard against the coming disaster. If ordinary people monopolize financial interests, they will be called bandits. If your majesty does so, few people will follow you.

例3出自《周语》。利益由百物生长出来，是生长隐喻。人民皆可取而用之，君王不能专利。普通人专利被称为盗贼。君王如果这样做，就很少人拥护他，体现了"为民谋利"的治理归宿，利益归于人民，而非君王专利。盗贼隐喻和生长隐喻说明利益归于民的自然性和合理性（见表2）。

表2 民本隐喻中英文表达

例句	中文源概念	英文源概念	中文目标概念	英文目标概念
1	防川	block a river	防民之口	block people's mouths
	为川者	harness a river	为民者	administer a country
	决之使导	dredge the watercourse and allow the water to flow smoothly	宣之使言	guide the people and allow them to speak freely
2	防大川	a big river contained by a dyke	民心之愠	the fury stored among the people
3	百物之所生	the outcome made of many materials	利	financial interest
	天地之所载	the product of Heaven and Earth		
	犹谓之盗	be called bandits	匹夫专利	monopolize financial interests

（二）友邦隐喻

春秋战国诸侯国在外交治理上，善于处理邦交关系，经常利用友邦关系化解战争。以人体关系映射国家之间关系（例4），以家庭关系映射国家关系（例5）。人体各部分共存，家庭关系亲密，类比友邦关系

例4：女股肱周室，以夹辅先王。(《鲁语·展禽使乙喜以膏沫犒师》)
You two shall support the royal court and assist King Wu.

股肱是人体的大腿和上臂。齐孝公讨伐鲁国，鲁国乙喜进行外交斡旋，以慰劳大军为由，强调周成王命令齐鲁先君要共同扶持周王室。齐国理亏撤军。以人体部位关系映射齐鲁两国扶持周朝的关系。

例5：君欲从事于天下诸侯，则亲邻国。(《管仲教桓公亲邻国》)
If you want to seek dominance over other dukes, you need to be close to neighboring states first.

例5中，管仲教桓公称霸诸侯，需要保持与邻国的友好关系。"亲"的原义是"亲属"。

表3 友邦隐喻中英文表达

例句	中文源概念	英文源概念	中文目标概念	英文目标概念
4	股肱	support the royal court	夹辅	assist
5	亲邻国	be close to neighboring states		

（三）人才隐喻

选择正直之士、德才兼备之人是国家治理的重中之重。大臣监督国君行为，保障国家政策正确。《国语》话语以人体隐喻来说明人才的配合（例6），以自然隐喻来说明人才正直性（例7），以商贸隐喻说明人才储备的重要性（例8）（见表4）。

例6：贰若体焉，上下左右，以相心目，用而不倦，身之利也。(《晋语·献公作二军以伐霍》)

The relationship between the Upper Echelon and the Lower Echelon is just like that among the four limbs of the human body which can be divided into upper, lower, the left, and the right to assist the heart and eyes. When they are alternately used, you won't feel tired. Rather, you will find them beneficial to your body.

献公让申生太子去统领下军，士芳认为不可。他认为四肢皆辅助心目，而非下肢辅助上肢，四肢交替使用，身体不累。人体隐喻映射军队的分工以及辅助对象，说理深入浅出。

例7：直不辅曲，明不规暗，拱木不生危，松柏不生埤。(《晋语·医和视平公疾》)

He who is upright won't assist the evil and he who is honorable won't remonstrate with the stupid. A tall tree cannot grow on a precipitous cliff. A pine tree cannot grow in a humid place.

晋平公生病，秦景公派医和为晋平公看病。医和发现文子不实行谏臣职责，平公迷恋女色生病。医和认为良臣是拱木，是松柏，不出现在晦暗不明的地方。晋平公有疾，说明文子非良丞。以高洁植物生长环境映射良臣伴随明君。

例8：贾人夏则资皮，冬则资絺，旱则资舟，水则资车，以待乏也。夫虽无四方之忧，然谋臣与爪牙之士，不可不养而择也。(《越语·勾践灭吴》)

I hear that a businessman will store furs in summer and kohemp cloth in winter. When it is dry, he will store boats; when it rains, he will store vehicles. All these are made against the possible shortage of materials. Even if we won't have trouble of being invaded by neighboring states, we must train and choose resourceful officials and courageous generals beforehand.

例 8 中，勾践与吴国交战，兵败退守会稽，他发号军令，招贤纳士，若能谋划战胜吴国，则与之共掌大权。大夫文种进言，认为谋臣和将士需要事先培养供选择录用，正如商家夏天准备皮货，冬天准备葛布，天旱准备舟船，雨天准备车辆。以商业储备货物映射政治中人才储备。

表 4　人才隐喻中英文表达

例句	中文源概念	英文源概念	中文目标概念	英文目标概念
6	上下左右	among the four limbs of the human body	用而不倦	they are alternately used, you won't feel tired
	以相心目	assist the heart and eyes	身之利也	beneficial to your body.
7	拱木不生危	a tall tree cannot grow on a precipitous cliff	直不辅曲	he who is upright won't assist the evil
	松柏不生埤	a pine tree cannot grow in a humid place	明不规暗	he who is honorable won't remonstrate with the stupid
8	夏则资皮	store furs in summer	无四方之忧	not have trouble of being invaded by neighboring states
	冬则资絺	store kohemp cloth in winter		
	旱则资舟	when it is dry, he will store boats	谋臣与爪牙之士，不可不养而择	train and choose resourceful officials and courageous generals beforehand
	水则资车	when it rains, he will store vehicles		

（四）文治/武功隐喻

例 9 和例 10 都出自《国语·齐语》。齐桓公为春秋五霸之首，成就霸业"隐武事，行文道"。例 9 是工具隐喻，齐桓公曾举行兵车之会六次，乘车之会三次，诸侯的铠甲和兵器都没有拿出来。齐桓公推行文治之道，以不用兵器映射不用武功。例 10 是文治的表现，也是工具隐喻。诸侯的使者来朝拜齐国，都是空着口袋而来，而满载而归，齐国用诚信结交诸侯国，以利益笼络他们（见表 5）。

例 9：诸侯甲不解累，兵不解翳，弢无弓，服无矢。隐武事，行文道，帅诸侯而朝天子。(《齐语·桓公帅诸侯而朝天子》)

All the dukes did not take out armors and weapons from the arsenals. The bows and arrows were all kept intact. Hence peace was achieved among different states and the way of civil administration was popularized. Under the leadership of Duke Huan, all the Dukes paid respects to the Lord of Zhou.

例10：诸侯之使垂橐而入，稇载而归。故拘之以利，结之以信，示之以武……（《齐语·桓公霸诸侯》）

Envoys of other dukes came with empty bags and returned with bags full of gifts from Duke Huan. By giving them profits, socializing with them with faith and deterring them with force...

表5　文治/武功隐喻中英文表达

例句	中文源概念	英文源概念	中文目标概念	英文目标概念
9	甲不解累	not take out armors	隐武事	peace was achieved among different states
	兵不解翳	weapons from the arsenals		
	弢无弓	The bows and arrows were all kept intact	行文道	the way of civil administration was popularized
	服无矢			
10	垂橐而入	came with empty bags	拘之以利	giving them profits
	稇载而归	returned with bags full of gifts	结之以信	socializing with them with faith

（五）义利隐喻

例11使用生长隐喻，说明义与利的关系。义为国家治理之本，"义以生利"。例12使用了建筑隐喻与生长隐喻，说明儒家"德政"的基本治国理念。"德义"通过先王的典籍传承，"德义"是教化人民的根本（见表6）。

例11：民之有君，以治义也。义以生利，利以丰民。（《晋语·献公将黜太子申生而立奚齐》）

People support the duke because they hope that he may manage the state with propriety and righteousness. Propriety and righteousness may generate interests, and interests may enrich people.

例12：夫先王之法志，德义之府也。夫德义，生民之本也。(《晋语·文公任贤与赵衰举贤》)

The Classical works left by our previous dukes are a treasure house of morality and righteousness while morality and righteousness are the key to cultivate people.

表6 义利隐喻中英文表达

例句	中文源概念	英文源概念	中文目标概念	英文目标概念
11	义以生利	propriety and righteousness may generate interests	治义	manage the state with propriety and righteousness
12	德义之府	a treasure house of morality and righteousness	先王之法志	the Classical works left by our previous dukes
	生民之本	the key to cultivate people	德义	morality and righteousness

（六）教化/德政隐喻

例13选自《晋语·胥臣论教诲之力》，专门论述教化问题。晋文公问胥臣，让阳处父来教太子讙，可以教育好他吗？胥臣说教化关键在于太子本身。施教者根据受教者本身的潜质加以因势利导，如江河有源头，才能汇成巨流。江河源头映射受教者潜质，江河汇成巨流映射受教者学有所成。例14选自《晋语·郑文公不礼重耳》，以植物隐喻说明培养道德需要毫不犹豫的态度，如培养植物那样，给予足够的营养和养分。以植物培养映射道德培养的态度和行为。与"义利"隐喻呼应，补充实现德政的具体手段。义利隐喻论证德政之合理性（见表7）。

例13：夫教者，因体能质而利之者也。若川然有原，以卬浦而后

大。(《晋语·胥臣论教诲之力》)

Just as a river must have a source before it flows down and merges with the big ocean, a teacher must educate people according to their own aptitude.

例14：黍不成黍，不能蓄庑。稷不为稷，不能繁殖。所生不疑，唯德之基。(《晋语·郑文公不礼重耳》)

The seeds of broomcorn millet can not grow up because they are not nourished. The seeds of millet can not grow up because they are not planted. The growth lies in the planting without hesitation. This is the foundation of cultivating virtuous conducts.

表7　教化隐喻中英文表达

例句	中文源概念	英文源概念	中文目标概念	英文目标概念
13	川然有原	a river must have a source	因体能质而利之者	a teacher must educate people according to their own aptitude
	以卬浦而后大	before it flows down and merges with the big ocean		
14	黍不成黍	the seeds of broomcorn millet can not grow up	唯德之基	the foundation of cultivating virtuous conducts
	不能蓄庑	because they are not nourished		
	稷不为稷	the seeds of millet cannot grow up		
	不能繁殖	because they are not planted		
	所生不疑	the growth lies in the planting without hesitation		

（七）家国/归附隐喻

例15和例16选自《国语·越语》。越王勾践吸取兵败会稽的教训，实行"以民为本"国策，"去民之所恶，补民之不足"。勾践以民众亲君如父母，民众归附如流水为治理目标。例句使用自然隐喻和家国隐喻，将家庭中的父母关系映射国家中君民关系，将自然界的流水向下映射民众归附（见表8）。

例15：越四封之内，亲吾君也，犹父母也。（《越语·勾践灭吴》）
The people in Yue love our duke just as they love their own parents.

例16：寡人闻，古之贤君，四方之民归之，若水之归下也。（《越语·勾践灭吴》）
I hear that ancient people submitted to the sage kings just as water flowed to lower places.

表8　家国/归附隐喻中英文表达

例句	中文源概念	英文源概念	中文目标概念	英文目标概念
15	犹父母	love their own parents	亲吾君	love our duke
16	若水之归下	as water flowed to lower places	四方之民归之	ancient people submitted to the sage kings

四　《国语》治理隐喻跨文化构建策略及成因

上文从源域与目标域的映射关联，探讨了治理隐喻概念认知语境。下文先通过统计数据，分析《国语》治理隐喻的翻译策略，然后从概念认知语境和话语语境角度分析译者翻译策略的原因。最后从治理隐喻的文化语境入手，分析治理隐喻的思维特点，评价翻译策略的有效性。

《国语》治理隐喻的英译策略是以直译为主，意译为辅。根据表1《国语》治理话语中的隐喻类型和隐喻关键词的英译整理，发现18例人体隐喻，15例保留喻体，3例意译。"股肱"译为"support the royal court"，"为我心"译为"obey the orders"，"利之足"译为"foundation of interests"。19例动物隐喻，3例意译，16例保留喻体。列举意译如下，"以为牝"译为"make the right wing weak while making the left wing strong","以为牡"译为"the tails of a state","爪牙之士"译为"courageous generals"。17例植物隐喻，13例保留喻体，4例意译。"四方之蓬蒿"译为"you and he defeated Chu"，"生民之本"译为"the key to cultivate people"，"怨之本"译为"The cause of resentment"；"政之干"译为"the major part of administration"。18例工具隐喻，3例意译，15例保留喻体。14例自然隐喻，全部保留喻体。9例疾病隐喻，8例保留喻体，1例意译。8例建筑隐喻，1例更换喻体，1例意译，6例直译。4例饮食隐喻，3例保留喻体，1例意译。5例家庭隐喻，全部保留喻体。4例商贸隐喻，全部保留喻体。总而言之，116例中有100例直译，保留喻体，16例意译。意译比例为14%，直译比例为86%。从上文16个例句来看，只有例4和例5采取了意译，其他例句皆采取直译。

（一）《国语》治理隐喻的概念认知语境

接下来具体分析《国语》文本所包含的概念认知语境因素与译者策略之间的关联。《国语》的意识形态、关注点、兴趣和历史决定了隐喻使用的必然性。《国语》著作的性质以及隐喻所反映的权力结构和意识形态是译者策略选择的背后动因。《国语》集各国之"语"而成，目的是对统治者接班人进行培养，其说教性质浓厚，在内容上侧重于明君、贤臣、孝子的说教（韩兆琦，1993）。隐喻直译策略能够更好地传递国语的著作目的，让说教更加生动，提升读者接受效果。直译策略同时也是政治文本中隐喻独特作用所决定的。"为了拉近政治与民众之间的距离，政治家们通常喜欢借助隐喻来把复杂的、抽象的概念具体化，从而生动有力地传达政治思想"（卢卫中等，2019）。"隐喻的产生与形成受到社会权力和意识形态的引导和制约，反之，它也可以为意识形态和社会权力服务"（卫明高等，2018）。《国语》中使用隐喻的情景语境，多为大臣劝诫君主，君臣存在权力高低之别。隐喻可以帮助大臣宣扬政治主张，实现社会权利。可见，译者采取的直译策略符合著作目的和文本特征。《国语》隐喻治理话语反映了儒家德育的意识形态，士是

"有道之士"，作为社会的思想和道德领袖，掌握着意识形态的领导权（尤锐，2006：154）。使用隐喻影响政治是卿大夫争取社会权力和领导意识形态的表现。直译策略对于建构中华治理话语具有积极意义。

（二）《国语》治理隐喻的话语语境

《国语》原典采取史学故事与隐喻铺陈，构建隐喻话语语境，便于读者识解隐喻，为直译隐喻提供了认知基础。《国语》的话语形式是史学体裁，以讲故事为主，传递道德和教化思想，发挥总结治理思想的功能。使用隐喻是为了以熟悉的日常生活现象解释抽象的治理理论，让抽象治理道理更有说服力。故事本身提供了隐喻构建所必需的话语语境——先前话语以及说话者、话题、听者的知识。以民本隐喻为例（例1），"防民之口，甚于防川"是自然隐喻，以水为源域，以人民的批评为目标域。邵公以防水映射堵塞人民的批评。话题是治理百姓，道理是君王应谨遵"以民为察"的畏民意识，"口之宣言也，善败于是乎兴"。说话者和听话者是邵公和厉王，二者的共有知识是防川很难。先前话语是周厉王堵塞百姓之口，不让百姓畅所欲言，不开圣听。邵公使用隐喻的交际意图是劝诫厉王。但周厉王不予理会。史学文本特征兼具故事形象性和生动性，隐喻表达传递谏臣劝说人君的交际意图，为直译策略合理性。《国语》治理隐喻构成采取铺成方式，为直译隐喻提供了认知基础。例1~16，上下文皆通过铺陈的方式，并列源域和目的域。以例14为例，前句说明由于施肥和照顾不足而黍稷不能繁殖，下句映射德育过程中坚定信念的重要性。前句具体描述隐喻的源域，后句并列铺陈源域与目的域"所生不疑，唯德之基"。同时大中华文库《国语》文本采取中英文对照的方式，为隐喻构建提供了中文的认知语境，也为直译翻译策略提供了文本排版的支持。

（三）《国语》治理隐喻的文化语境

《国语》治理隐喻具有集体思维的文化特点。《国语》治理隐喻源域具有多样性，体现了中华民族"仰则观象于天，俯则观法于地"的认识论和宇宙观,隐喻取象"近取诸身,远取诸物",是治理隐喻的文化语境。心理学家丹尼斯(Danesi)把多个源域概念描述单个目标域概念以及单个源域概念描写多个目标域概念这种思维方式称为 Cultural Groupthink(文化集体思维)(叶子南,2013:34)。《国语》治理隐喻中源域与目标域概念之间呈现一对多或多对一映射,说明了中华治理隐喻的思维多元化特点。本文的表1显示了源域与目标域概念之间一对多映射,而例1~16显示了源域与目标域概念多对一映射。以表1的人体隐喻为例,以单个源域概念描写多个目标域概念,股肱是友邦隐喻、"贰若体焉"是人才隐喻、"为我心"是君臣隐喻、"利之足"是义利隐喻、"有首领股肱、手拇毛脉"是城市隐喻、"若遗迹"是民本隐喻、"擎起死人而肉白骨"是友邦隐喻、"盈而不溢、盛而不骄、劳而不矜其功"是天道隐喻、"谓之盗"是义利隐喻。表2至表7显示每个治理隐喻类型多个概念映射,多个源域概念描写单个目标域概念。以表4整理的人才隐喻为例,《国语》话语以人体隐喻来说明人才的配合(例6),以自然隐喻来说明人才正直性(例7),以商贸隐喻说明人才储备的重要性(例8),用多个源域概念来描述单个目标域概念的不同维度。以人体为始源域,以君臣、城市、天道为目标域的治理隐喻出现次数仅为一次,笔者未将其列为《国语》治理隐喻的主要类别。直译/归化翻译策略可以全面体现治理隐喻的文化特性,是中华古代治理文化传播的有效策略。

五 结 论

本文以扩展概念隐喻理论为指导,研究《国语》治理隐喻的跨文化构建,发现译者从概念和语境两个层面入手,采用直译为主,转化表层语言结构,构建深层概念结构,构建话语语境,以实现隐喻的跨文化构建,发挥隐喻的劝诫交际功能。译者翻译策略、译本排版方法符合《国语》文本形式和功能特征,传递中国治理文化的集体思维特点,发挥隐喻的劝诫交际功能,对治理文化的对外传播具有积极意义。

参考文献

[1] 韩兆琦,李丹.试论《国语》一书的性质[J].北华大学学报(社会科学版),1993(2):63-65.

[2] 卢卫中,李一,徐云秋,等.中国政治话语隐喻及其翻译研究——以十九大报告为例[J].翻译论坛,2019(1):12-18.

[3] 潘文国.经典通诠:经史子集的文化释读[M].上海:华东师范大学出版社,2023.

[4] 孙毅.扩展概念隐喻理论限阈中的视觉隐喻研究[J].山西大学学报(哲学社会科学版),2021(5):39-46.

[5] 孙毅,王媛.隐喻认知的具身性及文化过滤性[J].深圳大学学报(人文社会科学版),2021(3):136-143.

[6] 王宏,赵峥,英译.尚学锋,夏德靠,今译.大中华文库:国语(汉英对照)[M].长沙:湖南人民出版社,2012.

[7] 王敏.越文化中的概念隐喻研究——以《越绝书》为例[J].当代外语教育,2021(2):81-93.

[8] 王敏.汉代越文化隐喻的跨文化构建——基于《吴越春秋》与《越绝书》对比[J].江苏外语教学研究,2023(2):90-95.

[9] 卫明高,余高峰,乔俊凯.政治文本中的隐喻翻译研究——以《2016年政府工作报告》为例[J].上海理工大学学报(社会科学版),2018(2):120-124.

[10] 张馨月.《扩展概念隐喻理论》评介[J].现代外语,2021(3):430-434.

[11] 新华社.习近平强调:牢记历史经验 历史教训 历史警示 为国家治理能力现代化提供有益借鉴[J].中国领导科学,2015(1):4-5.

[12] 叶子南.认知隐喻与翻译实用教程[M].北京:北京大学出版社,2013.

[13] 张兆端.多元一体的先秦诸子治理思想体系研究[J].吉林大学社会科学学报,2019(1):78-90,221.

[14] 尤锐.展望永恒帝国:战国时代的中国政治思想[M].孙英刚,译.上海:上海古籍出版社,2006.

[15] LAKOFF G,JOHNSON M. Metaphors We Live By[M]. Chicago:University of Chicago Press,2003.

[16] KÖVECSES Z. Extended Conceptual Metaphor Theory [M]. Cambridge: Cambridge University Press, 2020.

Cross – Cultural Construction of Governance Metaphors in *The Discourses of The States*

Wang Min

Abstract: Applying Extended CMT Theory as the theoretical frame, this paper studies the cross – cultural construction of governing metaphors in *The Discourses of The States*. It first classifies the types of governance metaphors according to the target domain, and then it analyzes the translation strategy. There are 7 representative governance metaphors: people – centered, friendly states, human resources, benefit/righteousness, peace/civil administration, cultivation/virtuous administration, family as state/submission. The translator starts from two levels of cognition and context, adopting a translation strategy mainly based on literal translation, transforming surface language structures, constructing deep conceptual cognitive and discourse contexts, in order to achieve cross – cultural construction of metaphors. The translator's translation practice conveys the groupthink of governance culture of China, exerts the persuasive communication function of metaphor, thus has positive significance for the external dissemination of governance culture.

Keywords: *The Discourses of The States*; Governance Metaphors; Classics Translation; Extended Conceptual Metaphor Theory

汤显祖戏剧《牡丹亭》日文译本的翻译美学追求

余静颖*

摘　要：《牡丹亭》是中国明代文学家、戏剧家汤显祖艺术造诣最高的代表作，是中国传统戏剧的瑰宝。早在17世纪初，《牡丹亭》便已传入日本，20世纪初出现日文译本。但国内外对于《牡丹亭》日译本的发掘并不全面，有针对性的译介研究亦存在欠缺。故从翻译美学追求的角度对《牡丹亭》的四个日译本进行对比研究，挖掘《牡丹亭》在日本的传播和译介过程中，不同译者在不同译本中的美学主张和美学追求。

关键词：牡丹亭；汤显祖；日本传播；日译研究

引　言

自17世纪后期到18世纪初期，日本流行"唐话"（包含口语与白话文的近代汉语），日本人通过明清小说和戏剧进行"唐话"学习。早在江户末期，日本人就开始对各类中国戏剧进行翻译尝试，其中《西厢记》是最受重视的作品，仅19世纪末期就出现了至少五个版本的选

---

* 余静颖，江西师范大学科学技术学院讲师，主要研究方向为日语语言文学、中日翻译、日本史学等。
本文系江西省社会科学"十四五"（2023年）基金项目"汤显祖戏剧《牡丹亭》的在日传播与日译研究"（23YS21）的阶段性成果。

译和摘译本。经过梳理和挖掘，《牡丹亭》的翻译者与《西厢记》的翻译者有很大的重合，从时间脉络上看，翻译《西厢记》为这些译者们后续翻译《牡丹亭》提供了宝贵的练习机会和经验。彼时日本人对中国小说和戏剧的解读一般分为三种方式：一是以汉文训读的方式对原文进行"国译"，这种解读方法的对象是有一定汉文基础的日本读者；二是把原文意思按照口语化的日文翻译出来，这样的翻译习惯也受到明治维新以来"言文一致运动"（日本明治维新以来，借由语言和文章的一致，使人民能自由并正确地表现思想、感情的文体改革运动）的影响，其对象则是更广大的日本读者；三是将中国故事改头换面，以日本为背景进行演绎，以便于推广给对中国历史文化不熟悉的日本人。

一 《牡丹亭》的现存日文译本

汉学家森槐南（1891）是最早对《牡丹亭》进行研究的日本研究者，进入20世纪，笹川临风（1897）、宫崎繁吉（1909）、儿岛献吉郎（1912）、青木正儿（1930）、八木泽元（1959）、岩城秀夫（1973）、根山彻（2004）等人均对《牡丹亭》与汤显祖本人进行了研究。研究从最初的对《牡丹亭》的介绍与评价，发展到对《牡丹亭》创作意图、人物塑造、唱腔辨析、版本探索的研究，相关研究愈发细致和深刻。最初的研究是将《牡丹亭》置于中国戏剧历史研究的脉络当中进行的，彼时甲午中日战争清朝惨败，日本的国家主义开始兴起，日本学界关于"汉学复兴"的态度从原先的"从文化比较的角度，为东方文化争取与西方文化抗衡的地位"变为"中国已然落后，吾辈需肩负起东方文化的传播之责"。所以研究者们效仿西方的著述，在对中国戏剧研究积累并不充分的情况下开始撰写系列史著，以期向日本的民众科普东方、科普中国，所以19世纪末20世纪初出现的不少中国戏剧相关的系列史著仍然存在认知浅薄、史料不足等问题。20世纪中后期开始，对于中国戏剧的研究日益成熟，《牡丹亭》的相关专门研究也开始出现，其中以青木正儿、岩城秀夫和根山彻为首，他们均有山口大学就职的经历，所以如今山口大学也成为汤显祖相关研究的重镇。

《牡丹亭》的研究与译介工作是齐头并进、相辅相成的。它经历了从摘译、选译到全译的过程，目前发掘出的《牡丹亭》日译版本如图1所示。

笹川临风，《牡丹亭题词》《支那文学大纲》 1898年

岸春风楼，《新译：小说游仙窟·戏曲牡丹亭还魂记》 1916年

宫原民平，《还魂记》［收录于《国译汉文大成（文学部）》第10卷］ 1921年

铃木彦次郎、佐佐木静光，《牡丹亭还魂记》（收录于《支那文学大观》） 1926—1927年

东京文理科大学文学部汉文学第二研究室，《还魂记校勘记》、《还魂记语汇引得》 1951年

岩城秀夫，《牡丹亭还魂记》［收录于《中国古典文学大系53戏曲集（下）》］ 1971年

菱沼彬晁，《中国昆剧 江苏省昆剧院/南京上演台本》 1986年

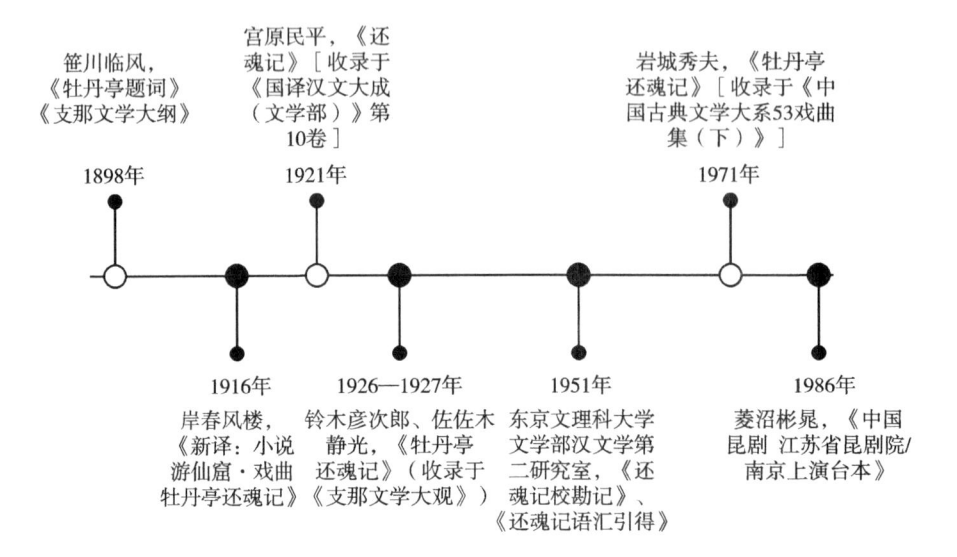

图1 《牡丹亭》日译版本

明治三十一年（1898）1月，笹川临风在《帝国文学》上刊出散文《梦之迹》，叙及《西厢记》的草桥惊梦与《牡丹亭》惊梦、寻梦，并摘译《牡丹亭题词》一段，即"天下女子有情，宁有如杜丽娘者乎……（中略）天下岂少梦中人耶！"一段（笹川临风，1898：102 - 105），以帮助日本读者理解杜丽娘的精神性质。任何一本中国典籍的全文翻译并非一朝一夕能够完成，但《牡丹亭》的全译本很快问世，那便是岸春风楼翻译的《新译：小说游仙窟·戏曲牡丹亭还魂记》。那之后，译著陆续出版，宫原民平于1921年译注的《还魂记》被收录于1956年出版的《国译汉文大成（文学部）》第10卷当中。如果说宫原民平译版是在汉文训读的基础上加以改造，一定程度上拉远了与日本读者间的距离，那么1926—1927年，收录于《支那文学大观》的铃木彦次郎与佐佐木静光共译《牡丹亭还魂记》就是第一本将《牡丹亭》翻译成现代

日语的译著了。进入 20 世纪 70 年代，作为汤显祖研究的重要人物，岩城秀夫在参考了宫原民平译版以及铃木彦次郎、佐佐木静光共译版后进行了《牡丹亭》的翻译，他翻译的版本被收录于 1971 年出版的《中国古典文学大系 53 戏曲集（下）》中。值得注意的是，一些其他形式的翻译作品从未被纳入研究。例如，1951 年东京文理科大学文学部汉文学第二研究室编纂了《还魂记校勘记》《还魂记语汇引得》，其中亦包含译注部分。再如，江苏省昆剧院于 1986 年访日演出时出版的《中国昆剧 江苏省昆剧院/南京上演台本》中对《牡丹亭》中的两幕五场进行了翻译，当时 43 岁的菱沼彬晁承担了此台本的翻译工作。

以上译本各有特色，例如，岸春风楼版在翻译时虽也用文言体，但口语体颇多，且并不成熟，他以翻译出也能在日本上演的剧目为目的，将无法演唱的部分加以删改，并改造为符合日本民众观赏习惯的日式歌词，详细解释演员的动作和举止，以求全方位传达《牡丹亭》的舞台魅力。铃木彦次郎与佐佐木静光共译版则是第一本尊重《牡丹亭》原文的现代日语译本。岩城秀夫在此基础上加以改造，根据钱南扬校点的《牡丹亭》（1963 年出版《〈牡丹亭〉校注》）以及徐朔方、杨笑梅校注的《牡丹亭》（1958 年出版的《汤显祖年谱》）来进行翻译，岩城秀夫参考此两家的版本，实为博采众长的佳选。此外，日后担任中日演剧交流话剧人社事务局局长的菱沼彬晁译本为了更好地表达昆曲的神韵，将唱词译成雅文（拟古文），对白部分多用歌舞伎的俗语，加强了作品的传播效果。菱沼彬晁后来长期致力于翻译中国现代小说、现代戏剧的日文译介工作，为在日本推介中国图书、传播中国文化作出了重要贡献。

二 《牡丹亭》四译本的翻译美学

西方的翻译流派在 20 世纪 30 年代就开始关注翻译实践中的美学追求，放眼国内，无论是严复的"信达雅"、傅雷的"神似说"、钱锺书的"化境论"，还是许渊冲的"三美论"，翻译家们虽然各有表述，但对于文学翻译实践中需要考量审美意境和美学追求这一点是一致的。当然，现代翻译美学必须在现代美学理论的指导基础上才能付诸实践，在看待不同的翻译作品时，也必须考虑时代背景、社会背景和译者的文化背景，才能把握审美活动，挖掘审美标准，体会审美呈现。

中国传统戏剧是一门起源于音乐发展的舞台表演艺术，"戏（戏剧）"和"曲（音乐）"为其核心，并融合了诸如诗歌、表演、舞蹈、舞台布景等多种艺术形式。所以，情节的意境、声音韵律的好听、修辞对仗的把握等，都是翻译传统戏剧文本时需要注意的内容，这样才能使戏剧翻译与戏剧本身一样，承担"传播美"的职责。

许渊冲从美学角度提出的翻译"三美论"就与戏剧翻译的审美取向不谋而合。"三美"——"意美""音美""形美"，"意美"是在诗歌翻译的基础上提出的，意美以感心，需要还原原文的意境、内涵和思想，"音美"以感耳，需做到节调、押韵、顺口、好听，"形美"以感目，要尽量与原文在长短、结构上形成对仗（许渊冲，2017：73）。"三美"自字至文章，其美感作用于心、于耳，于目。同时，他认为，在三美之中，"意美"是最重要的，"音美"其次，"形美"是更次要的，翻译时需要传达原文的"意美"前提下，尽可能传达原文的"音美"，还要在传达"意美"和"音美"的前提下，尽可能传达原文的"形美"，如果三者不可兼得，那么首先可以不要求"音似"和"形似"，但无论如何都应该尽可能传达"意美"和"音美"（许渊冲，2017：81）。

故本章将以"三美论"为指导，围绕岸春风楼版、铃木彦次郎和佐佐木静光共译版、岩城秀夫版，以及菱沼彬晁版，从此四版的意境之美、韵律之美、形式之美的角度出发，对第十出《惊梦》和第十二出《寻梦》的主要日译内容进行分析。

（一）日文译本的意境之美

许渊冲提出的"意美"，是指翻译应该保持与原诗相同的情境，深刻反映出原诗的意境，使译文的读者得到与原文读者相同的境象，在读者的心理上产生想象、联想之境，并让读者有充分的想象空间。他认为翻译的"意似"（意思准确，表述清晰）和"意美"基本是一致的，但有时"意似"和"意美"会产生矛盾，译文虽然和原文意思一致，但无法传达原文的美感和意境。传达"意美"的方式可以是换词、加词、减词、拆词、合词、正词反译、前后倒置等（许渊冲，2017：115）。

例如，《惊梦》中第一个曲牌［绕池游］中的一句：

梦回莺啭，乱煞年光遍，人立小庭深院。

岸春风楼只译为：

春景色を歌ふ。

铃木彦次郎、佐佐木静光译为：

夢さめて、鶯の啼き、悶え悶えて、年は過ぎ、われ空しく庭に立つ。

岩城秀夫译为：

鶯の音に夢さめぬ。春を眺め、おちこち。小庭べにおりたてば。

菱沼彬晁译为：

夢うつろいて、鶯の声。春めぐりきて、やるせなく、この奥庭に、おり立ちぬ。

此三句意指春天到来，莺鸣声声惊醒迷梦，在小庭深院小立，觉得遍地都是撩乱人心的光景。"年光"指春光，"乱煞"则是春光缭乱。寥寥数语，将杜丽娘独立深院，被春光的缭乱衬托得无比孤独之姿交代得清清楚楚。

从岸春风楼译本可知，他的翻译文体是"言文一致运动"后期的、接近完成的一种口语文体，这一情况也在他翻译的《新译红楼梦》中有所体现。将此三句直接概括为"春景色を歌ふ（歌颂春景）"，很明显是轻唱词重台词的一种表现，这也符合岸春风楼自己在译者例言中所说，在《牡丹亭》翻译上会不用曲牌，仅解说演员所唱诗歌内容的这一宗旨。与之相同的还有杜丽娘吩咐春香取来铜镜和罗衣的选段，他如此翻译：

春香一旦下場。鏡臺、着物を持ちて再び登場。雲のやうな髪を梳り罷めて又鏡に對ふ、羅(うすもの)の着物を着換へやうとして更に香を添へる、と歌ふ。

　　翻译过来便是"春香下场，稍后取镜台衣服上。唱道：'云髻罢梳还对镜，罗衣欲换更添香'"，岸春风楼认为，应该尽量精简歌词，丰富台词，以达到在日本舞台上演的效果。这种处理方式虽然对于初期阶段的传播有一定益处，但他对唱词的简略处理，重宾白轻曲词的译法也被诟病为对中国戏剧理解的肤浅之举，被认为势必会降低《牡丹亭》作为中国戏剧的魅力（孙歌、陈燕谷、李逸津，2000：382）。

　　与此不同的是其他几版译本。铃木彦次郎和佐佐木静光共译版以及岩城秀夫版将"梦回"的"回"翻译为"醒める"，皆为表达从梦中醒来、意识清醒过来之意，而菱沼彬晁选择了"彷徨く（うつろく）"一词，意为"无目的地徘徊、彷徨"之意，将杜丽娘梦中醒来后徘徊庭院内的背景描绘出来，也符合刚醒来时杜丽娘的处境。且共译版和菱沼彬晁版是先梦醒才有莺鸣，而岩城秀夫明确指出是先有莺鸣再有梦醒。铃木彦次郎和佐佐木静光只将杜丽娘孤独郁闷之情译出，并将"乱煞年光"翻译为"年岁流转"，未将春色缭乱之景译出，语句的准确性和所表达的意境就较其他两版差了几分。相较"おちこち"的客观描述，"やるせなく"所凸显出的面对春色烂漫的茫然无措之情则更符合"意美"的要求。

　　再如《惊梦》[皂罗袍]中传唱度极高的一句：
　　良辰美景奈何天，赏心乐事谁家院。
　　岸春风楼直接省略了此句。
　　铃木彦次郎、佐佐木静光译为：
　　良(よ)き辰(ひ)の美しき景、心に賞づる楽しき事、誰かおとづれ、誰が庭にか覓(と)めん。
　　岩城秀夫译为：
　　良(よ)き辰(とき)の美(うる)わしの景(ながめ)、見る人もなく、心に賞(め)で事を楽しむは、いずくの庭。

菱沼彬晃译为：

良き時、良き景色、ただ空しくて、春の遊びに、浮かれ来る人もなし。

此二句意指良辰美景犹在，但赏心乐事不知落在谁家的院中，杜丽娘赞叹春色美好，却还是难以排解满腔忧思。前二者还是较为忠于原文，菱沼彬晃则为了语义的流畅选择省略了对"谁家院"的翻译，而是将重点置于这满园春色无人欣然来赏，空有良辰美景的万般无奈之情上。但需要注意的，若是演唱〔皂罗袍〕时，舞台场景是会发生转变的，杜丽娘需要进入园林，所以见到眼前豁然开朗的景色，即使有哀愁，也应是哀而不伤，更应该强调杜丽娘惜春、恋春之情被触动。原文既有韵律也有意境，于是菱沼彬晃的版本为了做到有韵律的"音美"，押在"イ段"，为了"音美"牺牲了一定程度的"意似"，但"意美"是保留的。这个和菱沼彬晃所翻译的《中国昆剧 江苏省昆剧院/南京上演台本》有关，所以更需要注意音乐性和可表演性。

那么岸春风楼所注重的宾白又会如何呢？

例如春香的台词：

画廊金粉半零星，池馆苍苔一片青。踏草怕泥新绣袜，惜花疼煞小金铃。

岸春风楼将此句翻译成：

其處邊の建物の綺麗で御座いますこと、蒼苔を踏んで行くと、新しい靴が惜いやうで御座いますわ、踏まれる花も嘸痛いでせうね、お嬢さま。

翻译成汉语便是"那边的建筑美轮美奂。踩过青苔去的话，鞋袜将被沾湿，甚是可惜，而被踩踏的花朵也一定很痛吧"。

此句原意描绘的是画廊花园的景色，此处的"泥"是动词，玷污的意思，"惜花疼煞小金铃"出自《开元天宝遗事》，疼煞是极痛之意，全句意为：曲曲折折的回廊上的绘画已经随着岁月的流逝都剥落大半，池塘边的楼阁前的青苔却茵茵成片。新雨后的草地一片泥泞，崭新的鞋袜舍不得践踏。看着被雨打下的落花，非常心痛，令人怜惜。按照岸春风楼的翻译策略，不免过于直白，惜花之情不仅少了大半，由口语化表达带来的文学性丧失也是一目了然。根据苏珊·巴斯耐特（Susan Bassnett）在《依旧身陷迷宫：对戏剧与翻译的进一步思考》中对于戏剧剧本阅读方式的分类：将剧本纯粹作为文学作品来阅读，此种方式多用于教学；观众对剧本的阅读，此举完全出于个人的爱好与兴趣；导演对剧本的阅读，其目的在于决定剧本是否适合上演；演员对剧本的阅读，主要为了加深对特定角色的理解；舞美对剧本的阅读，旨在从剧本的指示中设计出舞台的可视空间和布景；其他任何参与演出的人员对剧本的阅读。用于排练的剧本阅读会使用如语调、语气等语言学符号，旨在为剧本引入听觉和表演元素（苏珊·巴斯耐特，1998：101）。所以我们可以大致地将译本的使用目标群分为两类：读者与演艺团体。岸春风楼并未言及此翻译版本的使用目标群是何种身份，但无论译本的目标群体是什么身份，他对于宾白的简单化处理，实际上已经超出了他自己所畅想的"精简歌词，丰富台词"的程度，对原本的任意改动和删减使得传统戏剧被翻译到异域文化中不仅不能保持其自身特色，反而严重影响了"意似"，更遑论"意美"的呈现，这无疑是增加了传统戏剧搬上异国舞台的难度。

（二）日文译本的韵律之美

节奏能给人以快感和美感，每一次的回环重复都能给人似曾相识之感，袁行霈认为，"诗歌过于迁就语言的自然节奏就会显得散漫、不上口；过于追求音乐节奏，又会流于造作、不自然。只有那种既不损害自然节奏而又优于自然节奏的、富有音乐感的诗歌节奏才能被广泛接受"（袁行霈，1987：116 - 126）。高度重视音乐化特征是戏剧翻译的重要属性之一，韵律与节奏是其中必须关注的因素。首先，韵律指的是押韵，中国在作诗词曲赋等韵文时会在句末或者联末用同韵母的字相押。押韵，能够使声韵保持和谐、有节奏，不仅易于记忆，朗朗上口，还能够体现丰富的声音美感。众所周知，日语的音节结构为［C］V［Cn］，相较于汉语基本音节结构的［C］［M］V［Cn/ng］更为简单，所以即使不强调押韵，也能优美好听。日语只有单元音，没有前响二合复元音，若强调押韵，五个元音ア（a）、イ（i）、ウ（u）、エ（e）、オ（o）在文中较易出现重复和连续的现象。

其次，节奏指的是平仄和节律。中国古诗的节奏主要来自平仄，通过汉字的声调表现出来，汉语主要有四声：平、上、去、入。平称为"平声"，上、去、入则称为"仄声"。中文的音节高低升降十分丰富，所以读中文会有抑扬顿挫之感，但我们要感知日文的抑扬顿挫远没有中文那么容易，这是因为日语的音高只用于重音，是一种基本不具辨义作用的特殊音高重音，而汉语的音节音高属于字调，主要是用于意义辨识作用的声调。史有为在考察汉日语音的语音感知时表示，中文母语者普遍对音长不敏感，相反，日语母语者却对音长特征特别敏感，而对音节的感知较弱。同时，汉语以足音节为节拍，节拍是汉语的节律单位，日语则是以莫拉（mora）为节律单位。表现节奏最明显的主要有两种语言片段：一是成语，二是诗句。汉语的四字成语在语法构成上一般都是2/2型，即使构成是1/3型的或2/1/1型的，也是要求作2/2节奏处理。汉语的诗句以1，2，3音节的节拍群作为大于音节的基本节奏单位，其中2/2这种成双型的组合尤为强势。这三种节拍群可以分化成或组合成不同的形式：2/2/2；2/3（3或2/1，或1/2）；2/2/3（3或2/1）；3（或2/1）/2、2/3（或2/1）/2等。与此不同的是日本传统的诗句。以日本俳句为例，俳句全诗仅仅一句，无韵脚，分成三段：5（莫拉）/7（莫拉）/5（莫拉），每一段成为一个大于音节的节奏。一首俳句只有三个较大节奏，总共17个莫拉，并以此作为节拍的总心理长度。以上日本俳句的17个莫拉对应到汉语只相当于8.5个音节/字，无论如何也建立不起合乎汉语韵律节奏的诗句。而日本传统还有和歌，其中的短歌是以5/7/5/7/7或7/5/7/5/7共31音（莫拉）作为总的节拍长度。比较起来，汉语的长短句远比这种每个节拍都是单数莫拉，并以5、7两种莫拉数交替出现的形式节奏要活泼丰富，这种活泼丰富正好是建立在莫拉成双和以四个诗句和两个韵脚为起点的基础上的

（史有为，2012：95-106）。

所以，这样的日汉语言差异对戏剧翻译在"音美"上的追求是很大的挑战，要用日语完全展现汉语的音韵美感几乎是不可能的任务。

例如，《惊梦》中的一句：

剪不断，理还乱，闷无端。

岸春风楼省略了此句唱词，只从"春香，可曾教人扫除花径？"一句开始翻译。

铃木彦次郎和佐佐木静光译为：

剪りもあへず。理(ととの)ふるも亂れ。悶え煩ふ切なさ。

岩城秀夫译为：

剪りあえず。理(ととの)うるも乱る。はしなくも悩ましき。

菱沼彬晁译为：

縁の黒髪、絶ち難く。乙女心の乱れきて。はしなくも悩ましき。

"剪不断，理还乱"一句出自李煜的《相见欢》，多被译为"剪れども断れず、理(ととの)うれども還た乱る"，岸春风楼将其省略，共译版和岩城秀夫版也是基本遵循"意似"要求，进行了直译。菱沼彬晁版则考量上下文，放弃"意似"，将此句具象化，形象地将杜丽娘的无端愁闷比作无端坠入红尘梦，惹却三千烦恼丝，此时杜丽娘少女怀春心已乱，烦恼难断之姿跃然纸上。值得注意的是，这四者中只有菱沼彬晁一以贯之地注意到了节律，将这句的翻译定为 7/5/7/5/5/5 的节奏，无论是朗读还是演唱，都具有节奏感。

昆曲两大流派分别指以沈璟为领军人物的吴江派和以汤显祖为领军人物的临川派。沈璟就曾批评过《牡丹亭》为"音律失节，用韵任意"，汤显祖对这一问题显然有自己的看法，他在《答凌初成》中说："曲者，句字转声而已。葛天短而胡元长，时势使然。总之，偶方奇圆，节数随异。四六之言，二字而节，五言三，七言四，歌诗者自然而然。乃至唱曲，三言四言，一字一节，故为缓音，以舒上下句，使然而自然也。"汤显祖所讲究的是纯任自然的文学观，将内心的真挚感受诉诸笔墨，才能使词情与声情相得益彰。《惊梦》一出中大部分是符合押韵规律的，是典型的律句，同时，非律句也有不少。

例如，[好姐姐]中的一句：

荼蘼外烟丝醉软。

岸春风楼依旧省略了此句唱词。

铃木彦次郎和佐佐木静光译为：

薔薇の花のかなたに、ゆらめくは柳の絲。

岩城秀夫译为：

荼蘼の花の彼方に、柳の糸、なよやかに煙る。

菱沼彬晁译为：

花茨、咲ける彼方に、柳青みて、やわらに煙る。

沈璟强调戏剧创作应将曲律放在首要的位置上，也就是要求剧作家在创作剧本时一定要对所选用的字句辨析阴阳、讲究句法、分清平仄、注意用韵、提倡本色、注重演唱。汤显祖一再强调戏剧创作应将"意、趣、神、色"放在首位，"凡文以意、趣、神、色为主"，强调作文之"意"，"凡文以意为宗"，"自谓知曲意者"。黄振林认为"临川四梦"中的主要角色生、旦基本上使用中州韵演唱，"官腔"念白，体现了昆腔声场之雅，而净、丑、贴等次要角色基本上使用临川音韵演唱，用临川方言念白，展示了赣东戏场之俗，这种现象在同时代的昆腔传奇曲家中是没有的（黄振林，2009：46-51）。《牡丹亭》的所谓"失律"，其实正是其雅俗共赏、风格独特之处。原句"荼蘼外烟丝醉软"是上三下四的句式，即"平平仄平平去上"，是非律句，但此句清唱起来可感觉到字声的跌宕起伏，极富变化和特色。其语言旋律应与意义境界契合，若为了遵循韵律而失了自然之美，这绝不是汤显祖本人所追求的结果。所以笔者认为，传统戏剧的翻译并非押韵就好，而是需要根据意义、发音和演唱的需要进行调整，对于菱沼彬晁在此处追求"五七调"或"七五调"节律的态度，也应辩证地看待。

此外，岸春风楼在《牡丹亭》中言及中国戏剧理应翻译唱词，既将其作为演剧，就可以简略唱词而丰富台词。他并未提到这么做的具体目的，然笔者发现，岸春风楼对于唱词等的省略在其1916年出版的《新译红楼梦》也时有体现，《新译红楼梦》的出版先于《牡丹亭》的出版一个月左右，所以可推测两部作品的翻译时间大致相同，二者的翻译策略也几乎一致。在《新译红楼梦》文中，岸春风楼表达了略译的原因，即中国的谐音、俗语都超出日本人的理解范围，故选择略译。一些《红楼梦》中诗歌仅以训读直译的方式出现，所以可想而知，如果他也翻译了《牡丹亭》中的某些唱词，也会选择偏直译的方式呈现。这种处理方式也体现了日本翻译者在翻译汉语韵律和节奏时所遭遇的困境，只是岸春风楼选择了或口语化或直译或略译的方式规避了对声音美、韵律美的关注。可我们知道，这样的翻译策略在拥有大量押韵的唱词面前无疑是不完善的。

最后，以往戏剧翻译研究中常被纳入考量的翻译的音乐性也值得关注，而这也是《牡丹亭》迄今为止各译本中或是不曾考虑，或是出于难度较高无法完成的。整出《惊梦》以明朗轻快、婉转动人的羽调式和忧伤凄凉、黯然神伤的商调式为主，其目的是抒发个人的情绪，所以曲牌板式的安排都是弱拍起唱，强拍收尾。例如，[山坡羊] 唱段是羽调式，杜丽娘的音域从低音mi到高音re，板式主要是一板三眼和加赠板，形成字少腔多，一唱三叹的艺术效果。最初的几句唱腔温婉平和，到了"俺的睡情谁见"时出现了四度小跳，出现了整个唱段的最高音"见（re）"，此句的"睡情"指的是内心的感情，表达自身情感无人知晓的郁结与无奈，但情绪又无比高亢，充分展现了杜丽娘在表达对爱情的渴望时的情绪起伏。所以，笔者认为在翻译[山坡羊]时若能考虑到表演时的情绪，翻译时减少一定的字数，在演唱时亦能表现出其情绪的跌宕起伏。

（三）日文译本的形式之美

日译的形式之美主要是指翻译与原作行数、长短、结构是否一致或相似，原作如有押韵，是否能够保留或进行创新。《牡丹亭》中还有许多对仗、排比、反复等修辞手法构成的句子，都充分体现了《牡丹亭》的形式美感，若在翻译中能够延续，将会很大程度上保留其形式美感，传递原作的美学意蕴，加深读者的审美体验。

日本和歌是日本传统诗歌中最重要的体裁，在历史的演变中逐渐固定为"5/7/5/7/7"的短歌型，故中国传统诗歌和戏剧的日译都多以此形式呈现。中国古典诗词曲虽未分行，但其押韵规律起了断句作用。统一的建行形式意味着统一的节奏模式，在诗歌的表现中，可以使诗的情绪宣泄程式化和规范化。所以这是日译可以参考的翻译方法。

例如，[绕池游] 中的一句对仗句：

云髻罢梳还对镜，罗衣欲换更添香。

岸春风楼译为：

雲のやうな髪を梳り罷めて又鏡に對ふ、羅（うすもの）の着物を着換へやうとして更に香を添へる。

铃木彦次郎和佐佐木静光译为：

雲髻を梳るを罷めて還鏡に對し、羅衣を換へんと欲して更に香を添ふ。

岩城秀夫译为：

雲髻梳くをやめて還た鏡に対い、羅衣換えんと欲して更に香を添う。

菱沼彬晁译为：

髪梳き終えても鏡に未練、とり換えたやな絽の衣装、香り新しく焚きこめん。

原句中的云髻指高耸的发髻，亦可指美女；罗衣，指轻软丝质的衣服，此句引于唐代诗人薛逢《宫词》中"云髻罢梳还对镜，罗衣欲换更添香"一句。既是唐诗，读罢不难发现，对仗非常工整，可以称得上是"工对"或"严对"，所以笔者认为在翻译时一定程度的异化是有必要的。岸春风楼版、共译版和岩城秀夫版做到了基本对称，而菱沼彬晁并未有这方面的考量，依然是进行"归化"处理。处理可谓各有利弊，前二者更加尊重原文，能够让目标语读者更好地体会原文的形式之美，后者更易于理解，传播效果更好。

再如，《寻梦》［江水儿］中的一句：

这般花花草草由人恋，生生死死随人愿，便酸酸楚楚无人怨。

岸春风楼将这段进行了描述性的翻译：

杜麗娘、偶然梅の木が恋しくなつたと歌ふ、夢のやうな心地、梅の木の根許に休んで倒れる。（杜丽娘唱起自己是如何觉得梅树惹人喜爱，心觉一切如梦如幻，稍后倒在梅树边休息。）

铃木彦次郎和佐佐木静光译为：

かかる草や花、人の憧がるるまま、生くるも死するも、また人の願ふまま、よしや困し悩むとも、たれか怨みん。

岩城秀夫译为：

花や草は人の恋うるまま、死生も人の願いのままならば、侘しくとも人の怨むなし。

菱沼彬晁译为：

花や草木は人の恋うるまま、死ぬも生きるも願うまま、人の思いがかなうなら、この世の悩みはないもの。

这一句极富特点，此句唱的是"如若这花花草草任人爱恋，而人能够自己决定生死，那么纵或还有什么不称心的事，也不会再怨天尤人了"。此句道出了杜丽娘面对死亡的无奈与坦然的复杂情绪。同时，去除衬字后，在对仗的同时，三句均使用叠字，且韵脚一致，读起来颇有情绪递增之感。许渊冲在《翻译的艺术》中指出，翻译汉语原文中有叠字的句子是十分困难的，所以在形式上做到形容词对形容词、名词对名词、动词对动词、短语对短语也可以传达原文的形式美感，能做到形似，已经算是成功了一半，若无法结构一致，也至少要在长短和对称上做到大致整齐（许渊冲，2017：79）。

除岸春风楼外，其他三版均注意了"まま"一词的重复使用，其中岩城秀夫亦步亦趋对照着原文形成三句结构，但共译版和菱沼彬晁版通过"まま"一词的重复，使得前两句形成了结构相对工整的结构，可是由于日语的语法结构特征与汉语相去甚远,最后一句难以对仗,甚是可惜。但值得注意的是,菱沼彬晁通过[ア]段的句末押韵,让文章不仅一定程度上"形似",而且"音似",且两行都加了双声词增加"音美",实在是此句难能可贵的翻译样本。

与此相似的还有[醉扶归]中的一句,除去衬字,平仄对仗,若译文也须字数相同且押韵则更好。

不提防沉鱼落雁鸟惊喧,则怕的羞花闭月花愁颤。

岸春风楼省略此句。

铃木彦次郎和佐佐木静光译为:

徒に鳥魚を驚かし、花を羞ぢしめんのみ。

岩城秀夫译为:

沈魚落雁の美女の、さざめきに心せずば、羞花閉月の人の、顔（かんばせ）も愁えにふるえん。

菱沼彬晁译为:

花の情（なさけ）を嘆く身は、花恥ずかしき乙女かな。娘盛りをはかなみし、花の愁（うれい）を誰が知る。

此句是指美人美丽得让鸟惊起啼叫,让花惆怅颤抖。共译版和岩城秀夫版尽量做到了"形似",岩城秀夫也做到了对仗,亦能传达结构上的美感。但形式上的美感其实也是为了传达原文的意蕴,为了达到情感的诉说,必要时可对词语进行拆解和合并,作出一定程度的增译和减译,这也是视觉形式上与意境的美感交融与统一的方法。谢天振在谈及文学作品翻译时表示,艺术范畴的文学作品翻译不仅要传达原作的基本信息,还要传达原作的审美信息。相较于作品的基本信息,这个审美信息有时是难以捉摸的"变量",越优秀的文学作品,其审美信息越丰富,译者对它的理解和传递也就越难以穷尽(谢天振,2019:98)。菱沼彬晁在此处作出的尝试就迈了一大步,但结果并不成功,无论是"花恥ずかしき乙女(令鲜花都羞涩的少女)"还是"娘盛り(二八妙龄)",在措辞上都丧失了"闭月羞花""沉鱼落雁"等词的美感,不如前两者。同时,"沉鱼落雁,闭月羞花"作为一种文化意象,但凡提及,有汉语文化背景的人自然能心领神会,因为谚语、成语或者典故已经在历史的流转中成了一种特殊的文化符号。翻译过程中,这类文化意象的歪曲和失落是译者在翻译工作中必须注意的问题。译者不应该满足于传达某一文化意象的字面意思,比如将"沉鱼落雁,闭月羞花"翻译成"美得惊吓到鸟鱼,连花儿都感到羞涩",而应该将原文的文化意象最大限度地传达给读者,也要相信读者能够在长期的文化交流中处理外来文化的各种文化意象。所以笔者认为,岩城秀夫的版本在处理文化意象上做到了既传播原文的美感,也充分相信读者有能力理解外来文化。

中文诗歌也好,戏剧唱词也罢,都可以通过句子的长短、对偶、偏旁相同等方式来形成形式上的美感。经过分析可知,译作是很难做到完全"形似"的,但"形美"并非完全不可延续,可以通过对意义的增补、对叠音的善用、对韵脚的调整来达成形式上的美感。在此过程中,也必须注意文化意象的传递和审美意趣的传播。

三 结 语

自 20 世纪 80 年代起,《牡丹亭》被引入日本的研究领域后,相关的研究成果和译本纷纷问世。从翻译美学的角度来看,笔者所探究的是《牡丹亭》的日文译本中四个最具代表性的版本。这些版本各具特色,又各自展示出不同的优势。最早的全译本作者岸春风楼,他的译本主要以口语为基础,关注于台词意义的相似性或一致性,未对台词背后的典故进行解说,忽略了押韵和对仗等要素,并广泛省略了唱词部分,对《牡丹亭》的戏剧美感产生了较大的影响。铃木彦次郎和佐佐木静光共同合作的译本与岩城秀夫的版本相似度较高,难以区分优劣。这些译者均采用了口语和文语相结合的方式,努力在保留原文含义的基础上注重节奏和对仗,力求再现汉语原文的音韵美感和形式美感。然而,由于戏剧中唱词和台词的特殊性,完全复现这种美感并不容易。与之不同的是，具备中国现代话剧翻译经验的译者菱沼彬晃更加关注译本的传播效果。因此，他常用口头语言和日本观众熟悉的俗语，采用五七型的节奏来翻译台词和唱词，使译本更具有韵律感和口语流畅性，充分展示了译者的翻译目标和策略。

众所周知，昆曲蕴含丰富的历史与艺术价值，昆曲翻译对于传播中国古典戏剧文化、展现中国传统艺术价值具有非凡的意义。中日两国一衣带水，文化交流密切，厘清中国戏剧艺术在日本的传播与研究历史有利于在新时代背景下推动中国传统艺术在海外进一步传播。苏珊·巴斯奈特表示，"戏剧翻译研究是最复杂且最受翻译研究冷落的领域，戏剧翻译被探讨的机会也最少"（苏珊·巴斯奈特，1998：12）。除了语际翻译，译者还需要考虑语言之外的诸多内容。如果将《牡丹亭》的文本作为一种文学形式来看待的话，自然更应注意其文学性，这要求翻译者更加注重原作的风格和内容，从美学接受角度来说，"意似"和"意美"是最应该被重视的内容，注重其可读性是必然的。若把《牡丹亭》文本当作舞台表演艺术的一环来看待，其可表演性和音乐性就是最需要注意的部分。相应地，关注其形式之美、声音韵律之美则理所当然。在台词上也需要注重口语化，一定程度上使用归化策略进行翻译。

就《牡丹亭》现存译本来看，日本译者更注重其文本的文学性，这一点也为后续汤显祖作品的对外传播提出了新的要求和挑战。在考虑到戏剧艺术特征的情况下，中国译者在处理翻译时，需要更审慎地处理归化与异化的协调，并兼顾可表演性与音乐性，力求保留原汁原味的中国传统艺术美感。希望在未来，昆曲翻译的研究不止局限于英译翻译，若能够搭建昆曲日译者团队，引入在日汉学家群体，构建与完善中国昆曲对外传播的世界网络，就能为中国戏剧译介工作提供更为全面的参考材料。

参考文献

[1] 森槐南. 牡丹亭還魂記 [J]. 國民之友，1981（127）：216-221.
[2] 笹川臨風. 支那小說戲曲小史 [M]. 東京：東華堂，1897.

[3] 宮崎繁吉. 支那近世文学史 [M]. 東京：嚴松堂，1909.

[4] 児島献吉郎. 支那文學史綱 [M]. 東京：富山房，1912.

[5] 青木正児. 支那近世戯曲史 [M]. 東京：弘文堂書房，1930.

[6] 八木沢元. 明代劇作家研究 [M]. 東京：講談社，1959.

[7] 岩城秀夫. 中国戯曲演劇研究 [M]. 東京：創文社，1973.

[8] 根山彻. 牡丹亭还魂记汇校 [M]. 济南：山东大学出版社，2015.

[9] 笹川臨風. 夢の跡 [J]. 帝国文学，1898 (4)：102 – 105.

[10] 许渊冲. 翻译的艺术 [M]. 北京：五洲传播出版社，2017.

[11] 孙歌，陈燕谷，李逸津. 国外中国古典戏曲研究 [M]. 南京：江苏教育出版社，2000.

[12] BASSNETT S. Still Trapped in the Labyrinth：Further Reflections on Translation and Theatre [M]//LEFEVERE ed. Constructing culture：essays on literary translation. Bristol：Multilingual Matters，1998.

[13] 袁行霈. 中国诗歌艺术研究 [M]. 北京：北京大学出版社，1987.

[14] 史有为. 语音感知与汉日语音比较 [J]. 汉语学习，2012 (2)：95 – 106.

[15] 黄振林. 昆腔声场之雅与赣东戏场之俗的双重体验——兼论汤显祖的声腔观与《临川四梦》的曲牌、用韵及方言 [J]. 戏曲艺术，2009 (2)：46 – 51.

[16] 谢天振. 译介学：理念创新与学术前景 [J]. 外语学刊，2019 (4)：95 – 102.

The Aesthetic Pursuit in the Japanese Translation of Tang Xianzu's Drama "The Peony Pavilion"

Yu Jingying

Abstract："The Peony Pavilion" is the masterpiece of Tang Xianzu, a Chinese literary and dramatic artist from the Ming Dynasty. It is considered the pinnacle of his artistic achievements and a gem of classical Chinese drama. As early as the beginning of the 17th century, "The Peony Pavilion" had already been introduced to Japan, and Japanese translations began to appear in the early 20th century. However, there has not been a comprehensive exploration of the Japanese translations of "The Peony Pavilion" both domestically and internationally. This article, therefore, conducts a comparative study of four Japanese translations of "The Peony Pavilion" from the perspective of translation aesthetics. It aims to uncover the aesthetic propositions and pursuits of different translators during the dissemination and translation process of "The Peony Pavilion" in Japan.

Keywords: The Peony Pavilion; Tang Xianzu; Dissemination in Japan; Research on Japanese translation

翻译传播学视角下《庄子》英译本研究

——以默顿和任博克译本为例

谭益兰　江钰萌[*]

摘　要：《庄子》是中国道家哲学的代表性作品之一，在西方世界广泛传播。本文采用了定量与定性相结合的研究方法，调查研究《庄子》英译本国际传播现状，根据尹飞舟教授与余承法教授提出的翻译传播学理论，详细对比分析接受度最高的两个英译本，即默顿、任博克译本。通过讨论这两个英译本在启动阶段、翻译阶段、传播阶段和接受阶段的翻译传播情况，调查其国际传播效果，提出适用于同类中国文化经典翻译国际传播的启示与建议。

关键词：翻译传播学；《庄子》英译本；默顿；任博克

引　言

文化是国家"软实力"的象征。党的十九大以来，中央高度重视

---

[*] 谭益兰，西藏大学外国语学院副教授，MTI 硕士研究生导师，主要研究方向为翻译理论与实践；江钰萌，西藏大学外国语学院 2019 级英语翻译专业本科生。
本文系 2019 年度国家社会科学基金项目一般项目"语言类型学视角下藏汉英三语语序对比研究"（项目号：19BYY113）阶段性成果。

中华文化"走出去"。中国哲学经典英译本作为中国哲学对外传播的媒介,不仅要保证译文的准确性与深刻性,更要关注其在国际传播的有效性。

《庄子》又名《南华真经》,在国内外喜爱中华传统文化的读者群中深受推崇。《庄子》是我国先秦时期著名的道家经典著作,全文共三十三章,分内、外、杂篇三个部分。其内容博大精深,涉及中国古代哲学、政治等诸多领域,《庄子》的译介工作开始于十九世纪下半叶,"第一个英译本是 Frederic Henry Balfour 于 1881 年出版的 *The Divine Classic of Nan – hua*(《南华经》)"(汪榕培,1995)。此后一百多年间,《庄子》的英译本不断涌现。"《庄子》英译本包括全译本(全译 33 篇者)、简译本、编译本、选摘译本和述译本及其他著述中的零星篇章或段落片断的英译"(文军,甘霞,2012)。这些译本是一笔宝贵的世界性人文财富,对二十一世纪提升中华文化世界影响力而言价值巨大。

国内对《庄子》英译本的研究主要集中在七个方面:总括性研究、翻译策略、历史研究、译文比较、文化视角、语言学视角及哲学视角等(文军、甘霞,2012)。正如学者所见,七类研究均存在一定的局限性,虽然部分研究缺口已有所补漏,但如译本收集整理工作、在英语世界对《庄子》版本接受度调查等至今仍欠缺关注。本文在对《庄子》英译本实际传播情况进行调查后发现,我国译者的译本销售情况远不如国外译者的译本销售情况,这与我们期待的结果有偏差。因此,《庄子》译本在英语国家传递的有效性、对英语世界的影响等问题亟待研究,对于中国传统经典更好地"走出去"更具有启发意义。

一 翻译传播学研究方法

翻译传播学理论由湖南师范大学尹飞舟和余承法两位教授在其研究成果《翻译传播学论纲》中提出,即"翻译传播学是研究翻译传播现象及其规律的科学,是阐释人类使用不同语言符号进行信息传递与交流的知识系统"（尹飞舟、余承法，2020）。

本文尝试运用翻译传播学这一理论，依照《翻译传播学论纲》中提出的研究建议，从翻译传播过程的四个阶段出发，即发起阶段、翻译阶段、传输阶段、接受阶段，对传播效果较好的《庄子》英译本开展案例分析，通过评估每一阶段传播重点的达成质量，总结最终传播效果的成功因素，提出相应策略。

二 《庄子》的传播效果与销售量分析

目前，由于尚未建立权威的翻译传播效果监测评估标准，以往学者更侧重于对译本内容的具体分析，呈现出诸译本各有千秋的结论。翻译传播学理论则指出，翻译传播活动取得何种效果，最终取决于受体对媒介产品的接受程度。

为较客观地选择出色译本作为翻译传播环节与要素考察的进一步研究对象，本文首先对各译本在谷歌学术（Google Scholar）与亚马逊网上书店（Amazon Books）中的被引情况及读者数据展开分析。

（一）《庄子》英译本在谷歌学术中的被引情况

2004年11月，谷歌学术推出图书、论文的相关数据，包括学术著作出版商及其他学术组织的同行评论等，故该网站常被用作引文分析工具。本文利用谷歌学术作为引文数据库统计了《庄子》各译本的被引频次，作为考量译本在学术层面传播效果和接受程度的重要指征。本次数据采集的时间为2023年2月21日（见表1）。

从表1可知，《庄子》诸多的翻译版本中，最高引用频次和关注度最高的包括华兹生（Burton Watson）、默顿（Thomas Merton）、任博克（Brook Ziporyn）、梅维恒（Victor H Mair）、葛瑞汉（Angus C Graham）和哈罗德（Harold D Roth）的翻译版本。

表1　《庄子》高被引英译本在谷歌学术的被引频次排名

排名	被引频次	书名	出版社	译者
1	2855	The Complete Works of Chuang Tzu	New York：Columbia University Press	Burton Watson
2	1256	The Way of Chuang Tzu	New York：New Directions	Thomas Merton
3	893	The Complete Works of Zhuangzi	Indianapolis：Hackett Publishing Company	Brook Ziporyn
4	558	Wandering on the Way：Early Taoist Tales and Parables of Chuang Tzu	Honolulu：University of Hawaii Press	Victor H Mair
5	508	Chuang-tzu：The Inner Chapters	London：George Allen & Unwin	Angus C Graham
6	484	Zhuangzi：The Essential Text for Daoist Philosophy	Indianapolis：Hackett Publishing Company	Brook Ziporyn
7	393	Original Tao：Inward Training (Nei-yeh) and the Foundations of Taoist Mysticism	New York：Columbia University Press	Harold D Roth

（二）《庄子》英译本在亚马逊网上书店的销售情况

亚马逊网上书店提供了庞大的图书库存，包括实体书、电子书以及有声书。该网站以其高质量的服务和广泛的图书选择而闻名，是全球读者购书的主要选择之一。该平台拥有高质量的综合书目数据库和便捷的图书检索系统，因而，通过对该网《庄子》译本的销售情况展开调查，可以基本了解《庄子》英译本在海外普通读者群体中的接受情况。本数据同样以2023年2月21日作为调查的时间截点（见表2）。

为了将高被引译本在亚马逊图书网上的销售情况包括在统计数据表2中，此处呈现的是销量排名前12的译本，依次为：默顿、任博克（全译本）、任博克（节译本）、戴维·亨敦（David Hinton）、彭马田（Martin Palmer）、华兹生（节译本）、柏啸虎（Brian Bruya）、梅维恒、

表2 《庄子》不同的英译本在亚马逊网上书店的销量排名

销量排名	书名	出版社	作者	全部图书	道教图书	道家哲学
1	The Way of Chuang Tzu	New York: New Directions	Thomas Merton	#41,501	#17	#24
2	The Complete Works of Zhuangzi	Indianapolis: Hackett Publishing Company	Brook Ziporyn	#51,610	/	/
3	Zhuangzi: The Essential Text for Daoist Philosophy	Indianapolis: Hackett Publishing Company	Brook Ziporyn	#99,585	#43	#63
4	Chuang Tzu: The Inner Chapter	Washington D.C.: Counterpoint	David Hinton	#176,654	#21	/
5	The Book of Chuang Tzu	London: Penguin Classics	Martin Palmer	#198,694	#101	#147
6	Chuang Tzu: Basic Writings	New York: Columbia University Press	Burton Watson	#203,069	#105	#153
7	The Way of Nature: 26	Princeton: Princeton University Press	Brian Bruya	#374,036	#192	#304
8	Wandering on the Way: Early Taoist Tales and Parables of ChuangTzu	Honolulu: University of Hawaii Press	Victor H Mair	#525,768	#260	#420
9	Zhuangzi	Arizona: Create Space Independent Publishing Platform	James Legge	#710,177	#324	#535

续表

销量排名	书名	出版社	作者	全部图书	道教图书	道家哲学
10	The Complete Works of Zhuangzi	New York: Columbia University Press	Burton Watson	#784,290	#357	#591
11	Chuang-tzu: The Inner Chapters	London: George Allen & Unwin	Angus C Graham	#3,214,598	—	#1,962
12	Original Tao: Inward Training (Nei-yeh) and the Foundations of Taoist Mysticism	New York: Columbia University Press	Harold D Roth	#3,568,845	—	#2,008

理雅各（James Legge）、华兹生（全译本）、葛瑞汉、哈罗德。

从表2可知，默顿、任博克、梅维恒、华兹生、葛瑞汉和哈罗德的译本被引热度和销售情况基本保持一致，均明显名列前茅。

（三）读者评价

读者的评价反馈往往是图书传播效果最为直观的表现。亚马逊网上书店对反馈评价的管理非常严格，其星级的最终计算重"权重"而非"数量"，具有更高可信度与权威性，因而其评价系统能够较为客观地反映一本书的内容价值与传播效果。由于评星往往跟随评价同时提交，评星人数代表了较认真读者对书籍的反馈情况，所以统计结果与评价内容基本符合（见表3）。

表3 《庄子》高销量译本在亚马逊网上书店的评价

排名	最佳销量排名	书名	译者	出版社	读者评价均分	读者星评数量	积极评价	批判性评价
1	#41,501	The Way of Chuang Tzu	Thomas Merton	New Directions	4.6	509	117	14
2	#51,610	The Complete Works of Zhuangzi	Brook Ziporyn	HPC	4.8	169	5	2
3	#99,585	Zhuangzi: The Essential Writings with Selections from Traditional Commentaries	Brook Ziporyn	HPC	4.6	154	28	7
4	#176,654	Chuang Tzu: The Inner Chapter	David Hinton	Counter-point	4.7	74	10	4
5	#198,694	The Book of Chuang Tzu	Martin Palmer	Penguin Classics	4.6	316	74	6
6	#203,069	Chuang Tzu: Basic Writings	Burton Watson	CUP	4.7	79	12	0
7	#374,036	The Way of Nature: 26	Brian Bruya	PUP	4.7	126	10	3
8	#525,768	Wandering on the Way: Early Taoist Tales and Parables of Chuang Tzu	Victor H Mair	HUP	4.6	68	7	9
9	#710,177	Zhuangzi	James Legge	CSIPP	4.2	50	5	8
10	#784,290	The Complete Works of Zhuangzi	Burton Watson	CUP	4.5	51	19	2

表3和表4说明了《庄子》不同的英译本获得的评论数和评分情况。

表4 高被引译本在亚马逊网上书店中的读者星评情况

排名	书名	译者	出版社	5星	4星	3星	2星	1星
1	The Way of Chuang Tzu	T.M	ND	72%	16%	8%	2%	2%
2	The Complete Works of Zhuangzi	B.Z	HPC	87%	7%	3%	1%	2%
3	Zhuangzi: The Essential Writings with Selections from Traditional	B.Z	HPC	76%	12%	7%	3%	2%

续表

排名	书名	译者	出版社	5星	4星	3星	2星	1星
4	Chuang Tzu: The Inner Chapter	D. H	Counter-point	81%	13%	3%	3%	0%
5	The Book of Chuang Tzu	M. P	PC	75%	16%	6%	1%	2%
6	Chuang Tzu: Basic Writings	B. W	CUP	81%	10%	5%	0	3%
7	The Way of Nature: 26	B. B	PUP	84%	8%	7%	1%	0
8	Wandering on the Way: Early Taoist	V. H. M	HUP	72%	6%	5%	9%	8%
9	Zhuangzi	J. L	CSIPP	69%	9%	5%	3%	14%
10	The Complete Works of Zhuangzi	B. W	CUP	76%	15%	0	3%	6%

根据亚马逊网上书店的读者评价，笔者汇总了在亚马逊网上书店中评价数量（＞130条）前四名的译本正负面评价，结果如下：

其一，默顿对《庄子》理解深刻而饱含自己的沉淀与反思，在翻译文本中直接融入个人见解。译者诗学功底扎实，使得译文充满诗意，在一定程度上能传达古汉语的清新、机智与活力。译者调整了原文内容的写作逻辑，梳理出新的含义，翻译流畅而简洁，阅读难度较低，有助于初读《庄子》的读者理解。但也有读者认为，恰恰是这样的个人精神融入、文本内容的缩减与不加解释的举例佐证，使得读者无法深刻理解译者选择某一例证的意义，乃至无法理解《庄子》的原本内涵。

其二，任博克由于其大学教授身份，长年在美国常春藤高校教学。他的译本采用了丰厚翻译，风格较为学术，属于大学教科书式的写作。全文解读极其详尽，包含大量脚注，附有历史背景信息，这对于准确理解庄子的哲学观点至关重要，值得读者反复阅读。但也有少数读者表示，太多的细节与例证，让阅读过程略显枯燥，有时需要字典或其他资料辅助阅读，编译过于严谨，反而造成理解困难。

其三，英国汉学家彭马田的英译本包括内外杂篇，序言和简介详细介绍了其翻译观念与译者对道家思想的理解，语言流畅直白，对于刚接触道家哲学的读者而言较为理想，能传达庄子幽默的语言风格，可读性高。彭马田还观察到庄子每一篇之间并无递进或辩论的关系，在翻译时做了处理,能较好地传达庄子的思想内涵。但有少数读者认为其在翻译时选用的威氏拼音法(Wade – Giles Romanization system)过时且不标准,与汉语原版本的发音脱节。

其四,华兹生英译本包括内外杂篇,整体语言幽默,故事感强,阅读体验流畅,适合作为课程读本。但翻译风格不够诗意,偏向于对话与故事。译者删掉了评注和附录,只保留了原文最生动的部分,同时也为部分段落补充呈现了不同的解读。部分评论表示,对于初读庄子的读者来说该译本略有难度。

(四)《庄子》英译本被引及销售数据的综合情况

通过谷歌学术数据库,对当前《庄子》各个版本英译本的流传程度和学术关注度统计分析,同时利用亚马逊网上书店,对受关注度高的译本销售情况和读者评价进行调查和梳理,得出表5。

表5 高被引译本在亚马逊网上书店中的销量排名情况

排名	书名	译者	亚马逊最佳销量
1	The Way of Chuang Tzu	Thomas Merton	#41,501
2	The Complete Works of Zhuangzi	Brook Ziporyn	#51,610
3	Zhuangzi: The Essential Text for Daoist Philosophy	Brook Ziporyn	#99,585
4	Wandering on the Way: Early Taoist Tales and Parables of Chuang Tzu	Victor H Mair	#525,768
5	The Complete Works of Chuang Tzu	Burton Watson	#784,290
6	Chuang – tzu: The Inner Chapters	Angus C Graham	#3,214,598
7	Original Tao: Inward Training (Nei – yeh) and the Foundations of Taoist Mysticism	Harold D Roth	#3,568,845

为了将译本在学者受众和普通读者受众两大群体中的读者反馈结合,评选优秀译本。本文选择描述统计方法计算每个译本的因子综合得分。赋分方法为(译本数量 – 所在排名),其中被引名次呈现并不完整,为了让赋分在数学层面含义相同,无被引排名的译本均视为并列第八名,每项得分最高12分,以此模拟客观打分。

根据描述统计中的样本综合评价方法计算因子综合得分可知,因子

综合得分 = 因子 1 × 权重 1 + 因子 2 × 权重 2 + …… + 因子 n × 权重 n，设被引情况排名得分为因子 1，亚马逊销售排名为因子 2，其中因子权重按照层次分析法（AHP）计算（见表 6）。

表 6　AHP 层次分析法计算结果

项	特征向量	权重值	最大特征值	CI 值
被引得分	1.101	55.07%	2	0
销量得分	0.899	44.93%		

针对被引得分，销量得分总共 2 项，构建 2 阶判断矩阵进行 AHP 层次法研究（计算方法为：和积法），分析得到特征向量为（1.101，0.899），且总共 2 项对应的权重值分别是：55.072%，44.928%。二阶数据均满足一致性检验，故最终计算所得权重具有一致性，经计算得出《庄子》不同版本英译本综合得分（见表 7）。

表 7　《庄子》不同版本英译本综合得分排行情况

排名	译者	被引情况排名	被引排名赋分（总分 12 分）	亚马逊最佳销量排名	销量排名赋分（总分 12 分）	综合得分
1	Thomas Merton	2	10	1	11	10.45
2	Brook Ziporyn	3	9	2	10	9.45
3	Brook Ziporyn	6	6	3	9	7.35
4	Burton Watson	1	11	10	2	6.96
5	David Hinton	8	4	4	8	5.80
6	Martin Palmer	8	4	5	7	5.35
7	Burton Watson	8	4	6	6	4.90
8	Brian Bruya	8	4	7	5	4.45
9	Victor H Mair	4	8	8	0	4.41
10	Angus C Graham	5	7	11	1	4.30
11	James Legge	8	4	9	3	3.55
12	Harold DRoth	7	5	12	0	2.75

由表 7 可知，默顿选译本 *The Way of Chuang Tzu* 和任博克的全译本 *The Complete Works of Zhuangzi* 得分位列前茅。

综上所述，根据学术被引量以及读者反馈，本文较为科学客观地选出了两本优秀译作，分别代表学者与普通读者两类受众。同时发现，我国哲学著作《庄子》本身在海外有一定的读者群体和阅读市场，而各大英译本的接受和认可度差别较大。本文接下来尝试运用翻译传播学理论阐释两译本的翻译传播过程，全面总结其英译传播行为的得失。

三 《庄子》两个最优秀英译本的实例分析

根据上文数据可知，在众多优秀译本中，默顿选译本 The Way of Chuang Tzu 和任博克全译本 The Complete Works of Zhuangzi 以非常出色且一致的读者与学界认可度位列前二，故针对以上两译本运用翻译传播学理论开展个案分析具有一定意义。

（一）《庄子》英译传播本质

传播的一般属性和"语言转换"的特殊性相结合，构成翻译传播的本质属性（尹飞舟、余承法，2020）。从传播的语言（或者符号）使用来分析，传播存在两种情况：一种是传播过程中使用同一种语言，称为同语传播（一般传播）；另一种是传播过程中使用不同语言，称为异语传播，即翻译传播。本文研究对象是作为异语传播的《庄子》译本传播。《庄子》译本的翻译传播形式是以译者为中介，通过语言转换，使原使用不同语言的作者与读者完成信息交流，译者的参与不仅增加了传播的要素，还使传播过程和传播要素之间的关系表现出不同于一般传播的特殊性。对于《庄子》来说，作为具有丰富中国哲学内涵的文化经典著作，其特殊性是在原文信息传播的基础上，进一步要求文化内涵与哲学思想的准确传达。

（二）《庄子》英译传播过程

翻译传播过程共有四个环节，包含着翻译传播的六个要素，如图1所示。分别为：发起环节以主体为中心，选择翻译对象即客体1，发出信息；翻译环节以译者为中心，输出译作形成客体2，完成信息的语言转换；传输环节以媒介为中心，传输信息；接收环节以受体为中心，接收信息。

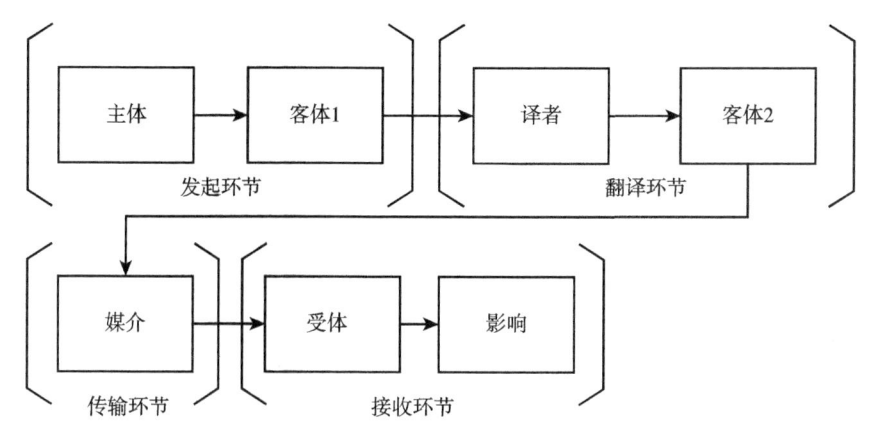

图1 翻译传播的六要素、四环节流程

本文尝试根据翻译传播的四个环节，结合考虑两种模式中的影响因素，分析默顿选译本 The Way of Chuang Tzu 与任博克全译本 The Complete Works of Zhuangzi 在整个英译传播过程中的得失。

第一，《庄子》英译传播的发起环节。翻译传播过程的首个环节是发起环节，传播者作为这一环节的第一个要素主体，即翻译传播活动的发起者，在一定程度上控制整个过程且影响传播效果。在现实中，翻译传播主体是传播行为的责任主体，这一主体可以是个人、群体、组织，具体包括五方面的责任与权利：决定翻译传播内容、确定呈现形式、选择媒介方法、挑选译者并与之互动、提供实施翻译传播所需的条件。

默顿选译本翻译活动发起人为译者本人。默顿对《庄子》的翻译源于其本人对中国经典和道家神秘主义的浓厚兴趣。其翻译活动始于1961年，默顿邀请了中国学者吴经熊为他在研究儒家、道家思想和《庄子》上提供指导与建议。

作为翻译传播活动的主体，默顿决定了翻译传播内容为《庄子》，其将庄子精神与个人宗教精神相融合，将内化后的译本自由地裁剪编织，挑选寓言、传说、对话或问题，重新汇集譬喻或短语赋予标题，直达精神核心。默顿以传统纸质书呈现其译作形式，选择了新方向（New Directions）出版社出版。默顿同时作为传播活动的主体与译者，互动多数来源于对前人译本的消化吸收，主要包括戴遂良的法文文本、卫礼贤的德文版本、理雅各和翟理思的英文译本，并时常保持与吴经熊的书信往来，以交流思想与译作情况。实施翻译传播所需的条件在此主要由媒介即出版社提供，而非译者本人。

任博克全译本则是由哈克特（Hackett）出版社发起邀请开展翻译活动，所以该译本的传播主体则是哈克特出版社。由于任博克曾于2009年主动发起过《庄子：精要篇章及传统注释》选译本的翻译活动，其《庄子》选译本一经出版便广受好评，其"以中释中"的翻译路径也得到美国汉学界广泛认同。因此，哈克特出版社2019年邀请任博克教授着手《庄子》全译本的翻译工作。

在该翻译传播活动中，哈克特出版社作为主体，决定翻译传播内容为《庄子》全文。以传统纸质书为传播形式，同时授权该译本电子版本发行。该出版社鼓励译者坚持详细批注及"以中释中"的译法。哈克特出版社是国外知名出版社，备受读者青睐，能够全力提供实施翻译传播所需的条件。在本环节中，客体1即翻译传播中被选择的原语信息，对于这两个译本来说均为《庄子》原文。

第二，《庄子》英译传播的翻译环节。翻译环节是整个翻译传播活动的第二环节，要求以译者为中心输出译作形成客体2，完成由原语信息到异语信息的语言转换。在翻译传播学视角下，译者如何实现语际转换及与翻译传播各要素之间的互动是该环节的研究重点。

默顿作为翻译主体同时也是传播主体，译者与翻译传播主体"重叠"是翻译传播特有的现象（尹飞舟、余承法，2020）。这里的"重叠"有两层含义：一是指在角色上，译者默顿就是翻译传播主体；二是在传播功能上，译者默顿作为翻译传播主体的"利益攸关者"，同时对翻译传播效果产生影响。

在语际转换策略方面，默顿的翻译标准是坚持以创造性为中心取向的整体标准，对原作进行整理、修改与完善，译者的创造性体现在对内容的编选组合与自由传译（米乐山，2014）。具体体现在其对题目的创造英译、择其精华的节选编译、融入自我思想的增译点评、灵活调整诗歌与散文译法。默顿作为一位天主教修道士，同时成为一位道家圣人庄子的理想诠释者，他的神秘主义宗教精神在一定程度上帮助他深刻地理解了老子与庄子思想，在其生花译笔下，诞生如此灵动且融汇个人精神的译作。

默顿的译者身份，与翻译传播各要素之间的互动足够充分。虽然默顿不懂中文，但通过借鉴英、法、德三语经典译本，随时能与中国学者切磋答疑解惑，尽可能突破了其在原语信息上的语言局限，默顿也曾尝试使用《马修斯汉英词典》（*Matthews' Chinese - English dictionary*）阅读汉语言原文，以求深入理解准确传达道家精神内核。默顿基本做到了掌握运用原语和目标语的语言与文化，观照翻译传播受众，即读者的阅读需求与思想习惯，灵活调整译文内容，成为这场翻译传播活动的"理想译者"。

任博克作为翻译传播活动中的译者，全译本翻译活动在2009年出版的选译本基础上展开。任博克曾耗费多年时间研究《庄子》，学习中文，研读原文，关注到许多前人译本所没有达到的翻译效果，尤其是译文流畅性与哲学思想准确传达方面的脱节。此外，任博克教授的翻译活动也与其教学经验相关，作为讲授中国哲学的学者，任博克曾在美国密歇根大学、哈佛大学、西北大学等名校任职，在教授《庄子》期间，发觉学生在从哲学角度理解《庄子》时，常需阅读多个译本交叉印证，这便是任博克教授的翻译初衷。

任博克在语际转换中选择的翻译策略可以说是一种"丰厚翻译"。任博克深刻思考原文与译文之间的关系，认为其关键在于翻译的目标指向何处（姜莉，2017）。为了在保障较高译文可读性的同时提供哲学层面的深入解读，任博克大量保留了郭象、成玄英、王夫之等中国学者的注疏，也添加了自己的注释，尽可能对文本提供多角度的解读视野。同时，也提供背景知识，如注释者的身份，是道教徒、佛教徒，还是儒家学者，注释者生活的时代和思想倾向，因此，获得了更广阔的文本含义。在哲学角度看来，《庄子》原文本极富思想内涵，充满隐喻。任博克教授希望译文像其原文一样思想丰富，而不会狭隘、故步自封。在丰厚翻译的技巧下，任博克完美地保存了原文丰富的内涵，提供了可能的解读版本，这样的翻译方法对于哲学学习至关重要。

译者任博克与翻译传播其他环节中各要素之间的互动也是非常充分的，自选译本出版后，任博克开始系统地在课程中教授《庄子》，也和国内外学者进行了更频繁的讨论，对原文本有了更多新的解读。加上可用于研究中国古典文本数字工具有了飞速发展，通过线上工具，译者可即时对比大量数据，也可以获得很多以前没有接触到的资源，收获很多新的观点，这就保证了译者与翻译传播受体之间的交互，从而反作用于翻译活动，促使译者对原文客体1与译文客体2进行反复咀嚼，使得全译本的译文质量更高。在翻译环节中，译者输出的译文即客体2，二者的译文均以图书的形式呈现。

第三，《庄子》英译传播的传输环节。传输环节以媒介为中心，关注信息传输对整个翻译传播活动的影响。机构媒介或媒介为从事信息采集、加工制作和传播的社会组织。从事翻译传播活动的机构媒介，具体包括从事翻译传播的新闻社、报刊社、出版社、广播电台、电视台、网站、会展公司、广告公司等。经学者调查可知，在阅读中国文化典籍时国外知名出版社更受青睐，偏好牛津大学出版社的占比37.2%，偏好哥伦比亚大学出版社的占比32.0%，偏好哈克特出版公司的占比30.0%（季红琴、毛思园，2022）。

默顿译本所在出版社为新方向，在读者对出版社的主观选择中表现并不突出，而任博克译本出版社为哈克特出版社，在读者心目中已经取得了较高期望与信赖，能快速进行译本的推介。

第四，《庄子》英译传播的接收环节。接收环节以受体亦即读者为中心，接收信息。受体是媒介传播的对象，在传播过程中并不是完全被动的,而是会选择媒介产品。翻译传播活动取得何种效果,最终取决于受众对媒介产品的接受程度。

根据被引数据可知,默顿英译本在谷歌学术中的被引频次高达1256,位居第二,深受学者认可,而任博克译本同样赢得了极高的学界认可度,被引频次为893次,位居第三,同时两译本均取得广大读者的认可,其销售情况在亚马逊网上书店销量排名前二。

根据上文呈现读者评价可知,默顿译本的阅读难度较低,语言更为诗意,相较于任博克译本更受普通读者的青睐。

四 默顿、任博克英译本翻译传播启示

考察翻译传播效果更强调主体意图的实现和信息的准确传递。将传播主体与译者的翻译目的与译本接受情况结合考虑可知,默顿译本与任博克译本均达到非常出色的传播效果。

(一) 翻译传播过程中的优势总结

第一,翻译传播主体为译者本人,由于极强的知识积累与对客体1即原文的深入研究,译者能够在翻译传播活动发起阶段进展顺利,在与翻译传播过程中的其他因素互动时也更具主观能动性。在主体为优质出版社时,既能为译者带来足够的信息与技术资源,也能更加顺利地取得译者及读者的信赖,这对于开展翻译传播活动而言也是极为有利的因素。

第二,在客体1的选择上,原文本是经典之作。《庄子》原文本属于中国传统哲学经典,具有深刻的哲学价值,在国内外哲学研究领域地位极高。

第三,两位译者不仅哲学修养造诣极高,在翻译方面也有自身的思考见解,能根据自身翻译目的践行各自的翻译理念。默顿译本深入浅出,引人入胜;任博克译本严谨详尽,作为学术界研读《庄子》的优

质译本，也是名副其实。

第四，在媒介选择方面都选择了国外知名的出版公司。哈克特出版社与新方向出版社在美国均有一定的读者群积累，在宣传与销售时均能够为其译本的翻译传播助一臂之力。

（二）改善翻译传播效果的方法与建议

翻译传播效果是翻译传播学研究的指归。改善翻译传播效果有三个原则：充分互动、克服障碍和构建形象（尹飞舟、余承法，2020）。

第一，各环节元素充分互动。翻译传播各要素都对传播效果产生影响，在充分互动方面的提升主要集中在主体、译者、客体、受体之间。

对于主体而言，翻译活动发起环节，增强主体责任感，关注原文作品选择。翻译传播活动在发起阶段，主体对于译本、译者的选择及对翻译传播过程中的资源规划至关重要。在该阶段，应该选择文本本身具有深刻文化内涵且在西方学界有一定影响力的经典作品，以体现中华民族精神，增进西方世界对中国文化的理解、认识和接受。

对于译者来说，在翻译传播环节，由于增加了"译者"要素，改善传播效果尤其需要各要素之间的充分互动。提高译者与客体的互动质量，则要求译者具备扎实翻译功底，对源语言与译入语均有充足的语言运用能力，对于中国文化古籍来说，尤其是哲学类型的作品，要求译者最好有相关的专业学术背景，能够深刻理解哲学思想，以帮助读者不失偏颇地理解作品内涵。对于前文提到，中国译者译本传播效果存在一些问题，如国内学者的英译本在西方销售情况不容乐观，本文发现默顿与任博克译本其实都在一定程度上参考了国内学者的英译本，这两位译者更倾向于吸纳国内学者译本，形成英文母语者更易于接受的版本。这并不意味着国内译本在内容上有所不足，反而证明了国内学者译本在学界具有一定的价值与影响力。由此可见，加强中外合译的翻译模式，加强中外译者交流，既能保障原文信息的准确解读，也能更为广泛地获取海外受众和读者的认同和接受。

对于受体即读者来说，西方受众对于中国典籍文化的阅读更加偏向于深度思辨，也更期望看到来自不同视角的独特诠释。任博克的译本在这一方面见长，他保留了中国学者的详尽注释，以满足西方受众对于更全面理解的渴望。此外，针对不同目标读者选用不同的翻译策略也是影响传播效果的一大因素。根据阅读动机，可以将读者划分为知识兴趣型受众和情感需求型受众。针对知识兴趣型受众，目的语文本需体现源语言文本所蕴含的哲学思想、养生方法、有趣的寓言和逸事、文化价值观、时代背景等重要信息（季红琴、毛思园，2022）。如任博克译本针对的目标读者主要是具有一定的《庄子》阅读基础的读者群如学者等，故选用丰厚翻译技巧，尽可能详尽地呈现原文特质与思想内涵。针对情感需求型读者，目标语文本应该通俗易懂、便于读者快速阅读。如默顿译本则面向更广大的读者群，语言也较为优美流畅，节选精华，能够更大程度地激发读者的阅读兴趣。

第二，克服客观传播障碍。克服障碍是在传播过程中克服社会文化差异、传播制度限制、传播渠道不畅等影响因素。翻译传播具有跨文化的特点，克服障碍的程度决定了传播效果。我们要遵循翻译传播规律，选取有效的翻译传播策略。在克服障碍的过程中，政府也应采取积极有效的措施对传播阶段给予一定的政策支持，充分发挥引导作用，如选择出版社时，典籍外译作品的出版发行不仅要依托国内出版社，还要积极寻求与国际知名出版社合作，利用其影响力，顺利进入海外的主流销售渠道，为译本争取更大的市场，从而带动同类译本的传播效果。同时，鼓励译者与宣传商进行译作推广，可选择线上、线下等多种宣传途径，比如积极参加文化典籍相关推广活动，从高校或图书馆出发辐射至普通群众，使中国文化经典作品更频繁地展现在世界性的文化交流环境中，从而提高文化传播的效果。新媒体的兴起，也为《庄子》英译本对外传播提供了新的契机，可利用短视频高频推出、休闲放松的特点，吸引国际受众的注意力，拓宽传播渠道。

第三，构建中国经典形象。在构建形象方面，需要从对内与对外两个向度开展，塑造作品形象、主体形象、文化形象、国家形象。对于文化典籍传播，作品形象依赖于后人对其精神内涵与文化价值的宣传，而主体形象关乎翻译活动发起者的影响力，可以是译者本人或某一团体组织的业界影响力，文化形象与国家形象的塑造对于翻译传播活动来说，则需要各译本的翻译传播效果不断达成较为优质的影响，以形成良性循环，是长期积累的结果，同时也受国家优秀经典文化成果与国家整体影响力的带动。

参考文献

[1] 姜莉. 译介的文化选择与思想典籍的世界价值——《庄子》英译者任博克教授访谈录 [J]. 中国翻译, 2017 (5): 62-66.

[2] 季红琴, 毛思园. 读者接受视角下《庄子》英译本海外传播策略研究——基于海外读者问卷调查的分析 [J]. 西华大学学报 (哲学社会科学版), 2022 (5): 48-59.

[3] 米乐山, 刘鹤亭. 默顿的《庄子》[J]. 世界宗教文化, 2014 (3): 71-75.

[4] 汪榕培.《庄子》十译本选评 [J]. 外语教学与研究, 1995 (4): 59-63.

[5] 文军, 甘霞. 国内《庄子》英译研究: 回顾与前瞻 [J]. 广东外语外贸大学学报, 2012 (3): 33-38.

[6] 尹飞舟, 王佳娣. 中华文化走出去的理论新视角: 翻译传播过程的四种模式 [J]. 求索, 2021 (2): 44-50.

[7] 尹飞舟, 余承法. 翻译传播学论纲 [J]. 湘潭大学学报 (哲学社会科学版), 2020 (5): 170-176.

[8] 张晓雪.《论语》英译本海外传播现状与对策探讨——基于亚马逊网上书店以及 Google Scholar 数据统计分析 [J]. 湘潭大学学报 (哲学社会科学版), 2018 (2): 157-160.

[9] ZIPORYN B. Zhuangzi: The Complete Writings[M]. Indianapolis: Hackett Publishing Company, 2020.

[10] MERTON T. The Way of Chuang Tzu[M]. New York: New Directions, 2010.

A Comparative Study on International Communication of *Zhuangzi*'s English Versions from the Perspective of Translational Communication Theory

—Taking Two English Versions translated Respectively by Thomas Merton and Brook Ziporyn Translation

Tan Yilan, Jiang Yumeng

Abstract: As one of the representative works of Chinese Taoist philosophy, the book *Zhuangzi* has been widely read and published in the Western world. This research combined quantitative and qualitative methods to examine *Zhuangzi*'s English versions under the international communication theory. Drawing upon the translational communication theory proposed by Professor Yin Feizhou and Professor Yu Chengfa, the selected English translations by Burton Watson and Brook Ziporyn were further comparatively analyzed in more detail. The translational communication of the two English versions of *Zhuangzi* were examined in terms of the initiation stage, the translation stage, the transmission stage, and acceptance stage, aiming to gain a deeper understanding of their merits and strengths to provide insights and recommendations for the international communication of other Chinese classics in future.

Keywords: Translational Communication Studies (TCS); *Zhuangzi*'s English translations; Thomas Merton; Ziporyn Brook

传播新动态

New Tendencies of Communication Research

《管子》对外译介研究

——以传播效果为中心

戴拥军　徐雪习[*]

摘　要：《管子》一书托名于春秋战国时期法家代表人物管仲，富有可供后世借鉴、弘扬的治国思想政治智慧，也有对治国理政一般规律的深刻阐释，还有对治国理政经验教训的总结与提炼，更有对治国方略智慧原则的探寻，因而是中国文化典籍中的优秀代表。自十九世纪晚期以来，《管子》先后以英语、法语、德语、韩语、日语、意大利语、越南语等多种语言在世界各地得到从零星到系统的传播，为中华优秀传统文化走出国门、走向世界奠定了坚实的基础。然而，就《管子》一书所蕴含的深邃思想而言，目前的《管子》对外传播效果还具有较多的局限，难以发挥该书本可以发挥的巨大作用。有鉴于此，当今学者可以从强化中华传统思想文化实际传播效果出发，比如将《管子》的对外译介与中国国家法治形象构建相结合，最大限度地保留《管子》中的法治思想文化的诠释空间，从而为国

---

[*] 戴拥军，安徽工业大学外国语学院教授，主要研究方向为典籍翻译、法律翻译、术语翻译；徐雪习，安徽工业大学外国语学院在读研究生。
本文系国家社科基金项目"国家法律形象建构下的法家思想对外译介研究"（项目编号：21BYY197）的阶段性成果。

际社会提供中国智慧、中国方案作出新的贡献。

关键词：《管子》；对外译介；传播效果；法治思想；法治形象

引　言

　　管子，即管仲，春秋时期颖上人，周穆王的后代。早年贫困，后经鲍叔牙举荐，官至齐相，辅佐齐桓公四十年，致力齐国多方面的封建改革大业，成功辅佐齐桓公成为春秋时期第一位霸主。管仲是杰出的政治家、军事家、哲学家和经济学家，被誉为"法家先驱""圣人之师""华夏文明的保护者""华夏第一相"（叶曼，2013：3）。司马迁认为，"齐桓公以霸，九合诸侯，一匡天下，管仲之谋也"（《史记·管晏列传》）。梁启超称管仲为"伟大之政治家而兼为伟大之政治学者"（梁启超，1935：2）。他的业绩和思想，在中国史书多有记载，为当时及后人传颂，他也被齐桓公尊称为"仲父"。

　　管仲的基本思想反映在《管子》一书中，其内容相当丰富。按传统诸子分类，它兼有儒、道、阴阳、法、名、墨、兵、农诸家；按现代科学分类，它包括政治、经济、哲学、法学、军事、农学、地理、历法、教育等各种思想，成为先秦时期的一大思想宝库。《管子》一书中的《心术上》《心术下》《白心》《内业》《九守》《正》《形势解》《版法解》《势》等文章侧重于用道家哲学来阐释法家政治，它集中地体现了道法结合、兼容并包的学术特点。学界一般认为，《管子》是有较浓厚的道家色彩的法家著作，代表战国时期由道家向法家变化的思想过程。王德敏总结其思想体系是"以道家的哲学理论为基础，以法家的法治理论为核心，兼取诸家之长的新的理论体系"（王德敏、刘斌，1997：7）。

　　《管子》的对外译介和传播首先发生在日本和朝鲜半岛。19世纪晚期以来，《管子》先后以英语、法语、德语、意大利语、越南语等多种语言在世界各地得到从零星到系统的传播，引发很多西方学者对《管子》的关注，出现较多的研究成果。然而，正如英国著名汉学家葛瑞汉（A. C. Graham）所言，西方学者在管子的研究上是有所保留的，"严格说来，西方的管子研究专家只有美国汉学家李克一人"①。在国内，鲁东大学的翟江月教授近年来也对《管子》进行了完整的英译，促进了《管子》在西方世界的进一步传播。为准确了解《管子》在域外国家的译介和传播情况，特别是该书中所蕴含的法家思想的传播及接受情况，有必要结合《管子》的对外译介史实，对《管子》域外传播实际效果进行梳理和分析，从而为中国传统文化典籍对外译介和传播提供借鉴与参考，提出针对性的措施。

一 《管子》对外译介概述

因管仲而得名的《管子》一书，在中国古代政治思想发展史上举足轻重，这种重要的影响作用，不仅体现在国内，也体现在域外国家和地区，其传播的途径往往融翻译、研究、评价为一体，传播的范围由近及远，先是在日本和朝鲜半岛，后在欧美等国家逐渐扩大。

（一）在日本、朝鲜半岛的译介

根据学者的研究，最迟在奈良时代（710—794）早期，即唐玄宗开元（713—741）初年，《管子》就已经东传日本（董晓波，2021）。这些汉籍文献是在日本处于飞鸟时代和奈良时代由曾往唐朝多次派遣的遣唐使传入的。

江户时代（1603—1867）早期，随着当时日本商业经济的发展，以往的文化由贵族、僧侣垄断的局面被打破，逐渐向普通民众阶层转移。当时的学者大儒就针对孔孟对管仲的评价展开讨论，比如伊藤仁斋和荻生徂徕，虽然他们没有直接写过关于《管子》的文章，但在自己的作品中都谈到对孔孟论管仲的看法。从 17 世纪后半期开始，也就是江户幕府时期，有学者开始对《管子》文本进行注释、校勘，并出版

---

① 引自李克《管子》英译本第一卷（2001）的封底推荐词。

了专著。

进入 20 世纪，学者们的成果将《管子》的研究带到一个新的高度。1914 年出现了菊池三九郎和冢本哲三的《管子》节译本，1920 年则出现了第一个《管子》日文全译本，即公田连太郎的《国译〈管子〉》。20 世纪 50 年代后，出现了很多从思想角度来诠释《管子》的文本，这些文本不但利用文献考据，还运用西方的学术方法和角度，从更全面的视野来解读《管子》。这期间，远藤哲夫从 1989 年到 1992 年完成的三卷本《管子》，为日本学界提供了一部最权威的版本，而金谷治的专著《〈管子〉研究——中国古代思想史的一面》则是管子思想研究方面的集大成者。该书对《管子》与管仲的关系、《管子》成书的背景与版本、《管子》诸篇的意味以及《管子》书中的政治、经济、法学、强兵、哲学、时令思想等都作了非常系统的介绍，是一部重量级的作品。此外，随着新的出土文物和文献的出现，日本学者开始结合新的材料，更深入地解读《管子》一书蕴含的多元思想。

除了在日本有《管子》的相关译介，鉴于中国与朝鲜半岛山水相连，《管子》一书很早就传到朝鲜半岛。古代朝鲜是传统儒家社会，因此在思想层面的研究多集中在儒家人物身上，同时又受到中国历史方面文学作品的影响，所以对《管子》的研究一直较为冷落。近现代以来，韩国社会与学术思想发生巨大变化，《管子》与《论语》《孟子》同被重视，由此出现了《管子》韩文译本。

《管子》在韩国的翻译并不是一蹴而成，而是先有选译，后才有全译。最早的选译本是 1969 年韩国自由教养推进会本，收入《世界古典全集》。其后 1972 年大洋书籍出版社本、1977 年玄岩社本，也是以丛书的形式出现。大洋书籍出版社本译者张基槿选取了"经言"、"外言"和"内言"中的 10 篇进行翻译，译者结合孔孟思想对《管子》进行解读。1977 年玄岩社本收录了李元燮译本共 17 篇。可见，20 世纪 70 年代韩国对《管子》的译介研究已经达到一定的水平。到 1985 年，明文堂《新译管子》出版，韩国出现了第一个单行的《管子》选译本，此译本共包括 20 篇，是各种选译本中收录《管子》篇章最多的译本。

改革开放以来，中国经济取得重大成就。《管子》主张务实变革，与中国改革开放的时代精神有契合之处，这也无形中促进了韩国对《管子》的研究。站在韩国角度来看，中国是重要的伙伴关系国家，以前韩国要了解中国，需要研读孔孟，但现在人们认为，需要通过《管子》来认识中国。在此背景下，2006年，松树坂出版了第一本《管子》韩文全译本。松树坂《管子》全译本的发行，方便了韩国读者对《管子》的阅读和认知，推进了《管子》在韩国的普及，促进了韩国对《管子》的深入研究。韩国关于《管子》的许多论文著作，大多引用松树坂的《管子》全译本。松树坂的《管子》全译本与选译本相比确实有了很大的进步，虽然有学者指出松树坂全译本过多地依赖了中国台湾学者汤孝纯的《新译管子读本》，但松树坂《管子》全译本的参考价值是毋庸置疑的。此后，2015年又有了人爱版《管子》全译本，人爱版全译本参考内容更加全面，参考了中国和日本的诸多《管子》相关著作，比松树坂《管子》全译本更为完善，同时还提出了很多自己新的见解。

《管子》在韩国的不同译本的出现、普及和研究，进一步扩大了《管子》在朝鲜半岛的影响，对于中韩文化交流、韩国汉学研究都起到了积极的促进作用。

（二）在欧美等西方国家的译介

在西方，对《管子》的最初译介是在19世纪末期（王京龙、孙继成，2019：5），不过对《管子》的系统性译介大约到20世纪中期才渐成气候。19世纪末期的最初译介主要是从亚历山大·伟烈亚力（Alexander Wylie）的《中国典籍文献提要》（*Notes on Chinese Literature with Introductory Remarks on the Progressive Advancement of the Art*）开始的。伟烈亚力是在探讨"法家"（Writers on legislation）这一概念时对管子进行了译介尝试。此后，英国汉学家庄延龄（Edward Harper Parker）退任英国领事之后，分别在1918年和1921年发表了两篇关于管仲的文章，属于普及性质的文章。这两篇文章都概述了对

《管子》一书基本思想的理解，虽然论述多是对《管子》文本内容的阐释以及对中国古代三位哲学家思想基础根源的考察，但为《管子》的早期境外传播作出了巨大的贡献。

20世纪20年代后，出现了诸如马伯乐（Henri Maspero）、福尔克（Alfred Forke）、高本汉（Bernhard Karlgren）、哈隆（Haloun Gustav）、休斯（E. R. Hughe）等研究者，他们对《管子》的基本研究动机与译介取向多以个人志趣领域为主，翻译方式主要是选译和节译，从数量和质量来看，都不够理想，但所积累的翻译的文本，为后期更大规模的译介提供了资料基础。

1939年，英国出版商阿瑟·普劳勃斯坦（Arthur Probsthain）宣布《管子》的译文行将出现，译者是卓克（F. B. Drake）。但或许是第二次世界大战爆发的缘故，此事未有结果。他对《管子》的《水地》《四时》两部分的翻译后来被收录在名为《古典时期的中国哲学》（*Chinese Philosophy in Classical Times*）的小书之中，该书是一本广为流传的英译中国哲学著作选。

20世纪50年代，《管子》的研究与翻译进一步深入。西方出现了第一部研究《管子》的专著——《古代中国的经济对话：〈管子〉选集》。同一时期，欧美还涌现了一批研究成果质量较高的《管子》研究者，除了于1951年发表了《法家片断第一部分：〈管子〉的第55篇及相关文献》（*Legalist Fragments: Part I: Guan-tsi 55 and Related Texts*）[6]的英国汉学家哈隆，还有皮特·梵·德·龙（Piet van der Loon）、庞德（Ezra pound）、华兹生（Burton Watson）、罗森（Syndney Rosen）、撒切尔（Melvin P. Thatcher）以及葛瑞汉（A. C. Graham）等人。

1952年，剑桥大学学者皮特·梵·德·龙在其作品《论〈管子〉一书的流传》（*On the Transmission of the Kuan-tzu*）中，运用文献学方法，从语言学与哲学思想角度细致地考证了《管子》的成书、流传和版本真伪，相当细致，文章涉及对《管子》很多内容的语言学解释，这在一定意义上对翻译《管子》的思路方法起到启发与借鉴作用，对后续研究也有一定的影响。

1954年，美国南伊利诺伊大学经济学教授路易斯·马斐里克（Lewis Maverick），与他指导的两位中国留学生谭伯虎（T'an Po-fu）和温恭文（Wen Kung-wen）共同编译了《古代中国的经济对话：〈管子〉选集》，译文为英文，这是西方关于《管子》的第一部选译著作。马斐里克本人并不是中国学学者，但他在法国重农学派方面却是位专家。重农学派是18世纪的一个经济学家团体，他们相信有内在的自然秩序在正确地控制着社会，而土地乃财富与税收的基础。由此他被《管子》强烈吸引，认为《管子》包含了与其非常相似的观点。实际对《管子》的翻译主要是由谭伯虎和温恭文进行，他们共译了32篇，其中大多数涉及的是政治和经济理论，而且其中还包括中国学者的两篇研究文章的全文翻译。该书就原著的价值给读者提供了深刻的印象，但在许多方面不能使人满意。

同年，英国人李约瑟（Joseph Needham）开始了他著名的《中国科学技术史》（Science and civilization in China）多卷本的陆续出版，在第二卷中对《管子》所含思想进行深入探讨，特别是中国古代哲学与科学思想之间的关系，内容涉及《水地》《内业》《九守》《心术》《形势》《四时》《五行》《度地》等篇内容。

1959年，美国诗人庞德在其发表的《御座诗章》（The Cantos）多次谈及《管子》，并赋予《管子》世界文学价值，因为庞德将它与古希腊厄琉西斯城的德墨忒耳—柏尔塞福涅神话并列，并将两者紧紧联系在一起。

1962年美国著名汉学家华兹生出版了他的《中国的早期文献》（Early Chinese Literature）一书，其中的哲学部分论及《管子》一书，并对《管子》进行分析和评论。

1976年美国汉学家罗森发表了《对历史上的管仲其人的考察》（"In Search of Historical Kuan Chung"），其内容主要研究管仲，源于作者1973年在芝加哥大学完成的同名博士论文。1978年，罗森在美国汉学家芮效卫（David T. Roy）和钱存训（Tsien Tsuen-hsuin）主编的《古代中国：早期文明之研究》一书中撰写了《中国先秦时期关于

"霸"的概念的变化》，该文论述了《管子》一书中"霸"的概念，并将"霸"的动词意义与 hegemony 等同起来。

同年，美国学者撒切尔在《华裔学志》上发表《楚齐晋三国中央集权结构比较》（"A Structural Comparison of the Central Governments of Ch'u, Ch'Iand Chin"），论及齐国政治时提到齐相管仲。另外，这一年杰弗里·里格尔（Jeffrey Kenneth Riegel，中文名"王安国"）发表其博士论文《〈礼记〉中子思的四篇著作的研究与翻译》（"The Four 'Zu Ssu' Chapters of Li Chi：An Analysis and Translation"），文中论及《管子》。

1979 年美国汉学家牟复礼（Frederick Wade Mote）将美籍华裔学者萧公权（Hsiao Kung – Chuan）的《中国政治思想史》译成英语，该书第六章专门探讨管子——从管子身世与时代、尊君与顺民、以法治国、经俗、经产和经臣等方面详细地论述《管子》中的政治与经济思想。

20 世纪 80 年代至今，学术研究、文化交流的不断推进使得《管子》译介研究进入成熟期，主要动机已经转变为基于学术研究和文化交流。在此期间，专门研究并译介《管子》的代表人物当属美国宾夕法尼亚大学教授艾伦·李克（Walter Allyn Rickett），普林斯顿大学出版社分别于 1985 年与 1998 年出版了李克译《管子》第一卷和第二卷。自此，西方国家终于产生一部完整的《管子》英文全译本，这标志着《管子》在西方的译介成果跃升到了一个新的高度。这个全译本的出版，使《管子》在西方世界得以从局部零碎翻译走向全面系统的译介，彻底改变《管子》长期以来在西方世界与英语世界重视不够的局面，改善了《管子》的典籍重大价值与对外传播影响之间一直不相称的局面。2001 年，根据相关学者的建议，李克修订了《管子》第一卷，由波士顿程与崔东方翻译公司（Cheng and Tsui Company）出版发行。

1995 年，我国正式启动"《大中华文库》（汉英对照）"工程，该工程是我国历史上首次系统地全面地向世界推出外文版中国文化典籍的国家重大出版工程，为中华典籍外译的发展奠定了坚实基础。其中的《管子》英译本由鲁东大学翟江月教授完成，并于 2005 年由广西师范大学出版社首次出版。这是第一部由中国本土译者独立完成的《管子》全译本。

此外，国内专门研究法家的学术网站"新法家"自 2012 年起陆续推出李学俊翻译的 Guanzi：Earliest Masterpiece on Political Economy in Human History[①]，这一系列文章主要节译了《管子》中具有代表性的政治以及经济观点，前后共发表 15 篇，为《管子》英译的进一步研究奠定了坚实的基础。

二 《管子》外译传播效果分析

作为中国古代典籍的优秀代表，《管子》对外译介的时间跨度较长，涉及的国家和地区也较多，但相对而言，在英语世界的传播最为显著。自 20 世纪 80 年代美国汉学家李克的《管子》全译本出版以来，国外一些学者对此发表了数篇学术书评，但国内学者评论较少，且国内外学者的评论焦点差异较多。中国学者翟江月的《管子》全译本于 21 世纪初出现后，国内学者的评论渐多，但与西方学者的差距依然较大。本节从国内学者的学术论文、西方学者的学术书评，以及相关网站和媒体的综合考察，对《管子》外译传播效果加以分析和描述。

（一）国内学者的学术论文

国内学者冯禹（1988）在 20 世纪晚期较早地对李克《管子》第一卷的英译本作出评论，称赞李克的翻译质量"绝不是那种缺乏对于中国了解的草率之作"，总结该译本有如下特点：（1）功底深厚，翻译准确；（2）重在介绍，鲜加评论；（3）篇目顺序重新安排；（4）采用汉语拼音；（5）旁征博引，考证精详。此外，他还特别强调，李克在整部《管子》的译文中都贯穿着这样一种基本思想理念，即《管子》思想既不同于典型的法家思想，又不同于荀子以外的典型的儒家思想，而

---

① 引自 http：//www.xinfajia.net.

是中国古代所有政治思想家都志在恢复西周经典所宣扬的黄金时代的独特产物。

除此之外,樊丽霞、任强、张燕等学者从不同角度对李克《管子》英译进行了评介。樊丽霞(2016)系统地梳理了李克英译《管子》的三个阶段,认为相关研究迄今还没有全面展开,期待着更多的专家学者关注《管子》英译,在译者分析、翻译策略的选择、代表性文本解读、译文比较、译文接受情况等方面深入研究,形成系统性的《管子》思想译介成果。任强(2017)通过对李克《管子·参患》篇英译的分析,揭示了西方汉学家翻译中国典籍中的"东方情调化"倾向,认为"东方情调化翻译"从学术传承沿革来看是西方东方学研究范式的表现,从文化构建角度分析是为了凸显原文文本的异质性,从译后结果来看在保证了汉学家地位的同时又照顾了译文读者。张燕(2017)深入挖掘李克《管子》英译本的前后际遇,特别提到《管子》第一卷和第二卷所引起的国内外学界不同凡响,褒扬李克及其《管子》英译本有助于加深读者对《管子》翻译和管子学说思想的理解和认识,有益于推动对管子学派及《管子》思想深入、细致、体系化的研究。

此外,李宗政、任强、孔海燕等学者对李克与翟江月的《管子》译介进行了对比研究,就两者表现出的翻译观、翻译策略和翻译方法等深入剖析,总结产生了较为丰富的理论成果。李宗政(2014)通过初步对比研究后认为,李译本在精准理解原文的基础上,以客观翻译为主,同时以汉语拼音译法处理文化词,并加以适当的意义补偿;而翟译本在充分理解原著的基础上,以归化翻译为主,重视行文的流畅性,辅以适当的音译加注法。任强(2015)通过分析李克和翟江月《管子·幼官》两个英译本,在词语溢出量、原文理解和表达三方面进行对比,认为李译本和翟译本都不同程度地运用了"深度翻译"的方法,李克的翻译观表现为"求异",而翟江月是"求同"。孔海燕(2016)同样认为李译本以异化为主,归化为辅,力求形式对等;翟译本是归化与异化有机结合,译文力求功能对等;李译本广泛使用补偿策略,翟译本大量运用阐释手段。虽然两个译本各有其局限性,但是都为"中学西传"，为中国文化的传播作出了重大贡献。任强（2020）对比研究了李译本和翟译本副文本形态，发现李译本副文本对正文本的补充、强化作用明显，译者和出版商对译本的操控是李译本和翟译本副文本形态差异的主要原因。他认为副文本的参与对译本的质量和预期读者的接受情况都会产生重要的影响，协调好翻译中的副文本，可以促进中国文化"走出去"。此外，李静、任强（2021）基于语料库的翻译研究方法，通过量化对比的方法对李译本和翟译本进行分析和解读，认为两个译本体现的语言风格也各具特色。李译本更多地采用异化的翻译策略，更注重贴近原文，力图再现典籍言简义丰的风格；翟译本更偏重普及性翻译，在译文的处理上采用更贴近读者的归化翻译，把原文的内涵及逻辑关系阐述得更为明了，可读性更好。

上述成果对中国典籍外译具有较多的启发意义和借鉴价值，但他们的研究总体来说还只限于文本翻译层面，很少涉及两个译本在西方世界的传播效果分析，尤其缺乏对《管子》所蕴含的丰富的法家、道家等哲学思想在西方世界的传播影响研究。2021年，董晓波在《光明日报》发表"《管子》治国思想及其译介传播"一文，对《管子》治国思想进行深入剖析，对其中的"以法治国"思想作了精辟的阐述，认为《管子》"在立法、执法、司法和守法方面都有独到之处，具有重要的史鉴价值"。同时，该文系统梳理《管子》的对外译介与传播，呼吁当代学者积极开展《管子》等传统文化典籍的译介与传播研究，这不仅"有利于传承中华文化基因、增强文化自信，也有利于加强文明对话、讲好中国故事、增强中华文化影响力"（董晓波，2021）。

（二）西方学者的学术书评

由前文所知，李克教授倾尽毕生精力译出的《管子》全集分别在1985年、1998年、2001年出版，之后相关的学术书评散见于国内外期刊，不仅涉及翻译质量和效果，也涉及《管子》文本蕴含的各种思想，这些对《管子》思想的国际传播起到了很好的推介作用，但是真正的研究性文章寥寥无几，而其中涉及《管子》中法家思想分析的更为稀少。

1986年，美国学者包尔茨（William G. Boltz）捷足先登，发表了第一篇李克《管子》译介书评（Boltz，1986）。他认为，《管子》的思想内容极其丰富，包含了政治、经济、军事理论，还有类似《左传》和《国语》的历史叙述片段。李克的译文大体上是可靠的，虽然有时候他在处理语言问题时可能比不上细心的语法学家；当出现翻译问题时，他们经常会作一些恰当的解释，这体现在译者对词语的灵活选择，而不是直截了当求助语法；在译文中所作出的注解和介绍尤为珍贵，每个章节前的介绍性说明少则几页，多则数十页，内容详尽，信息丰富。同时，包尔茨指出，为了易读，李克的注解中也不乏牵强附会之处。

同在1986年，柏林洪堡大学的常至静（Florian C. Reiter）用德语发表书评（Reiter，1986）。常至静（1986）指出，李克以一种堪称楷模的方式向读者介绍了《管子》文本的历史，也介绍了今天所确定的版本的背景，个别地方的翻译通过短小的论文来解释术语和难以理解的内容。同时，有些地方还引用了其他学者不同的观点，参考文献丰富，为那些致力于研究《管子》思想和中国古代文化的有能力的读者提供了极好的资料。

1988年，著名汉学家、哈佛大学教授叶山（Robin D. S. Yates）发表了对李克《管子》英译第一卷的书评（Yates，1988）。叶山首先盛赞李克在文本考证上的巨大贡献，认为"历史学家不会再对《管子》中所记载的中国政治、经济思想和社会结构产生误解了"（Yates，1988）。但是，他也指出李克很多时候过于主观，这让他的结论存在很多可疑之处。此外，由于一些未说明的原因，对相关结论没有进行精确分析，从而导致在一些短语的翻译上存在误解，但瑕不掩瑜，希望李克的第二卷和第三卷会越来越好。

同在1988年，美国学者梅杰（John S. Major）也发表了学术书评，称赞李克译作的出版对于中国古代研究领域的学者来说，不仅是一种愉悦，也是一种启迪；李克的译文谨慎、保守，适当地表现出对文本的极大尊重，并且对自己每一个疑点都进行解释。梅杰根据李克的分析，认为《管子》可以被视为黄老学派的核心著作，代表了中国战国晚期和汉朝初期的主流思想，其所蕴含的服务于国家治理上的阴阳五行自然哲学和老子的现实政治主张，为汉代正统学说的综合提供了理论基础，在军事和经济思想上的现实主义立场特别给人以启发（Major，1988）。

1998年，李克《管子》英译第二卷出版后，英国汉学家巴雷特（T. H. Barrett）就于1999年初率先发表书评，认为李克《管子》英译并不是简单的翻译，而是对在孔子之前归集于一个政治家名下的许多有价值的独立文章的现有知识的简明记录，对将来的学者必将产生深远影响，而且，李克多年来一直专注于完成他所选择的任务，他的成果不只是一些片段或初稿，而是一份由世界知名出版社出版的研究成果，他完全有权利期待自己翻译的《管子》在未来很长一段时间内成为这一文本的标准著作（Barrett，1999）。

随后，美国学者史嘉柏（David Schaberg）发表书评，认为李克译文的精确、生动和可读来源于他对原作的长期浸淫。李克"仔细地说明了对医学或黄老思想的特殊兴趣；然后是关于科学主题的文章：如水、土地和土壤类型的循环和控制，五行，日历，还有法家主义风格的文章，多有黄老思想的调和，强调政策的恰当性和适应性，而不是严格的控制……最后也是最重要的是关于经济学的文章，主要包括可以称为经济策略的内容"（Schaberg，1999）。

同年稍晚，汉学家、美国北卡罗来纳大学中国语文教授埃里克·亨利（Eric Henry）再次发表书评，盛赞李克为英语读者提供完整的《管子》注释性翻译，这是一项极其困难的工作。他认为李克的译文是"极其有用、彻底和可靠的研究，而且在可预见的未来，它似乎不太可能被取代"（Henry，1999）。

李克《管子》英译第一卷2001年再版后，英国汉学家巴雷特再次对之进行评介，而美国著名汉学家罗斌（Robin McNeal）则对李克《管子》英译进行整体的评介。巴雷特简要阐述了改版与再版的差别，并强调李克在取得已有成就的同时，甘愿做出自觉的改变，这也应该成为他人的榜样（Barrett，2002）。罗斌于2003年在 *Early China* 撰文《李克〈管子〉译本的书评》（Robin，2003），肯定了李克长年研究下得出的成果，并称这本译著给学者们提供了一个可以频繁咨询的去处，其中涉及的许多历史问题对于进一步了解早期中国的社会、知识结构等起到了关键性的作用。罗斌根据司马谈的六道之论来反思《管子》的学派归属问题，认为《管子》的学派归属直接制约了后人对《管子》的解读与流传。

与李克《管子》英译后情况截然不同的是，中国学者翟江月的《管子》英译本于 2005 年由广西师范大学出版社首次出版后，除了国内学术界仅有的几篇评论文章外，在西方学术界并无反响，谷歌学术（Google scholar）截至目前（2023 年 7 月 11 日）没有该文本的任何踪迹，更无学者们对《管子》思想在传播方面的评介。

（三）相关网站和媒体的综合考察

在谷歌学术输入李克《管子》英译名，即 *Guanzi: political, economic, and philosophical essays from early China*，可以发现该书被引已达 309 次（截至 2023 年 7 月 8 日），最早引用该书的文献见于 20 世纪 80 年代末期，如 Chang, James LY 的 "History of Chinese economic thought: overview and recent works"（Chang, 1987）、Karen Turner 的 "The Theory of Law in the Ching – fa"（Karen, 1989）。这些文献内容涉及《管子》的经济、军事、道家、法律或法家思想等。在所有引用文献中输入关键词 "economy" 可以得到 130 条结果，输入 "economic thought" 可得 244 条结果，输入 "economic ideas" 可得 238 条结果；输入 "military" 可得 187 条结果，输入 "military thought" 可得 176 条结果，输入 "military ideas" 可得 172 条结果；输入 "dao" 可得 158 条结果，输入 "daoism" 可得 88 条结果，输入 "tao" 则可得 142 条结果；输入 "law" 可得 222 条结果，输入 "law ideas" 可得 216 条结果，输入 "legalist" 可得 96 条结果；输入 "engagement" 可得 113 条结果，输入 "state management" 可得 134 条结果，输入 "state management system" 可得 110 条结果；输入 "agriculture" 可得 102 条结果，输入 "agricultural economics" 可得 135 条结果，输入 "agricultural management" 可得 81

条结果。由此可见，西方世界中的《管子》是一个多元思想的杂合体，其中的经济思想尤为突出，而法家思想、军事思想等虽居于高位，但并不突出。

　　亚马逊网站（Amazon.com）对李克《管子》英译第一卷的评价有两条。其中一条认为李克的英译版本过于学术性，并不适合每一位普通读者，在编辑方面处理也不够完善，读起来并不那么有趣。此外，该读者还指出李克的第一卷并没有完全翻译《管子》中最精华的部分，但是译文中所作的各种注释则比较受欢迎，综合评价为两星①。另一条评论认为李克的译本对于西方读者来说作出了很大的贡献，译本中添加了大量翔实准确的注解，便于读者阅读，综合评价为五星。亚马逊网站对李克《管子》英译第二卷的评价只有一条，认为该译本是真正的好书，但因为没有像照片上显示的那样有一个封面，"所以很失望，只给了两星，否则应该是五星"②。

　　好读网站（Goodreads.com）对李克《管子》英译第二卷的总体评价为4.44分（满分为5分），有37位读者表示已读，其中一位读者的评价非常有代表性。他曾经读过汉学家罗浩的《管子·内业》篇，深为其中的道家思想所着迷，于是四处寻找《管子》，结果一开始找到的是翟江月的四卷本译本。多年后，他在一家二手书店的书架上发现了李克的译本，于是清空钱包，把它带回家开始阅读，读后感觉得到了更好的翻译和对文本的更多信息介绍。他建议任何对《管子》感兴趣的人，应该花时间找到李克的这个版本，而不管那个四卷集③。

　　翟江月的《管子》英译本于2005年由广西师范大学出版社首次出版后，除了国内学术界仅有的上文提及的学术论文外，并无很大反响，中文的"豆瓣读书"网站上目前尚未发现读者评价。亚马逊网站尚未

---

① 详见 https：//www.amazon.com/Guanzi‐Political‐Philosophical‐Princeton‐Translations/dp/0691218986。
② 详见 https：//www.goodreads.com/book/show/3023314‐guanzi?from_search = true&from _srp = true&qid = PH80hd1bSa&rank = 1。
③ 详见 https：//www.amazon.com/Library‐Chinese‐Classics‐Zhai‐Jiangyue/dp/B00116NLYO。

发现该译本有在线销售记录，仅有的一条读者评价却较为负面。该读者直截了当地指出虽然其价格较李克译本便宜，但在可读性方面远不如后者，最明显的缺陷是没有注释和索引等，对于没有哲学基础或经济学基础的读者而言非常不方便①。好读网站上目前显示只有两位读者已读，还没有相关评论发表。

亚马逊网站和好读网站的读者反馈从侧面说明，目前西方读者比较钟情的还是李克的《管子》英译本，尽管也有一些不太好的评论，但相比于翟江月《管子》英译本，关注更多，可读性方面的评价更高，有利于西方读者进一步了解中国传统文化。值得一提的是，在图书馆收藏方面，全球最全面的图书馆馆藏数据库 WorldCat 显示，李克《管子》英译本目前在全球 150 个公共图书馆有收藏信息，如 McGill University、The University of North Carolina 等；而翟江月《管子》英译本目前只有加拿大的阿尔伯塔大学（University of Alberta）有收藏信息。

三　结　语

正如董晓波（2021）所言，当代学者应该积极开展《管子》等传统文化典籍的译介与传播研究，这不仅有利于传承中华文化基因、增强文化自信，也有利于加强文明对话、讲好中国故事、增强中华文化影响力。《管子》对外译介已经有数百年的历史，在英语世界也经历了 170 多年传播，其中所蕴含的深邃、广博思想，尤其是和法家相关的治国理政思想，理应得到人们的重视，为当代的全球治理提供中国智慧。国外学者和读者虽然对《管子》思想表现出一定的兴趣，但因研究目的、个人视角等方面的不同，与国内的研究存在较多差异，而国内研究者往往囿于语言和文化上的差异，目前在此方面的研究还显得较为薄弱。当今学者可以从强化中华传统思想文化实际传播效果出发，比如将《管

---

① 详见 https：//www.amazon.com/Library-Chinese-Classics-Zhai-Jiangyue/product-reviews/B00116NLYO/ref = cm_cr_dp_d_show_all_btm?ie = UTF8&reviewerType = all_reviews。

子》的对外译介与中国国家法治形象构建相结合，最大限度地保留《管子》中的法治思想文化的诠释空间，从而为国际社会提供中国智慧、中国方案作出新的贡献。

参考文献

[1] 董晓波.《管子》治国思想及其译介传播［N］.光明日报，2021-08-21（10）.

[2] 冯禹. 欧美国家有关《管子》研究的主要论著［J］. 管子学刊，1988（2）：93-95，11.

[3] 樊丽霞. 寂寂寥寥六十载，心无旁骛读《管子》——美国汉学家李克研究、翻译及推介《管子》始末［J］. 2016（4）：98-101.

[4] 孔海燕. 跨文化视角下的《管子》两英译本比较［J］. 管子学刊，2016（4）：102-107.

[5] 梁启超. 管子评传［M］. 北京：世界书局，1935：2.

[6] 李静，任强. 基于语料库的中外译者英译风格研究——以《管子》的两个英译本为例［J］. 山东理工大学（社会科学版），2021（1）：72-77.

[7] 李宗政.《管子》外译研究概述［J］. 管子学刊，2014（2）：111-115.

[8] 任强. 李克《管子》英译"东方情调化翻译"研究——以《管子·参患》为例［J］. 山东理工大学学报（社会科学版），2017，33（2）：62-66.

[9] 任强.《管子·幼官》英译本比较研究——兼谈美国汉学家李克的翻译艺术［J］. 管子学刊，2015（2）：36-42.

[10] 任强.《管子》英译本副文本对比研究——以李克译本与翟江月译本为例［J］. 语言教育，2020（3）：74-80.

[11] 王德敏，刘斌. 管子十日谈［M］. 合肥：安徽文艺出版社，1997：7.

[12] 王京龙，孙继成. 管子境外研究通论——以欧美、东亚为中心［M］. 济南：齐鲁书社，2019：5.

[13] 叶曼. 管子思想中的大智慧［M］. 济南：山东电子音像出版社，2010：3.

[14] 赵霞. 论语［M］. 兰州：甘肃少年儿童出版社，2013：146.

[15] 张燕. 李克《管子》英译本描述性研究［J］. 山东理工大学学报（社会科学版），2017，33（1）：60-64.

[16] 翟江月. 管子（汉英对照）［M］. 桂林：广西师范大学出版社，2005.

[17] BOLTZ, WILLIAM G. Book review［J］. Journal of the American Oriental Society.

1986,106(4):843-246.

[18] BARRETT, T. H. Book review[J]. Bulletin of the School of Oriental and African Studies, 2002, 65 (1):140-262.

[19] BARRETT, T. H. Book review[J]. Bulletin of the School of Oriental and African Studies, 1999, 62(1):174-175.

[20] CHABG, JAMES LY. History of Chinese Economic Thought: Overview and Recent Works[J]. History of Political Economy, 1987, (19): 3.

[21] DAVID SCHABERG. Book review[J]. Journal of the Royal Asiatic Society, 1999, 9 (1): 200-202.

[22] ERIC HENRY. Book review[J]. The Journal of Asian Studies, 1999, 58(3):817-818.

[23] HALOUN GUSTAV. Legalist Fragments:Part I:Guan-tsi 55 and Related Texts[J]. Asia Major New Series 2, 1951.

[24] MAJOR, JOHN S. Book review[J]. Early China, 1988(13): 243-245.

[25] MCNEAL, ROBIN. The Development of Naturalist Thought in Ancient China: A Review of W. Allyn Rickett's Guanzi[J]. Early China, 2003(28): 161-200.

[26] TURNER, KAREN. The Theory of Law in the Ching-fa[J]. Early China, 1989 (14):55-76.

[27] RICKETT, W. A. GUANZI: Political, Economic, and Philosophical Essays from Early China - A Study and Translation. Vol. I [M]. Princeton: Princeton University Press, 1985.

[28] RICKETT, W. A. GUANZI: Political, Economic, and Philosophical Essays from Early China - A Study and Translation. Vol. II [M]. Princeton: Princeton University Press, 1998.

[29] RICKETT, W. A. GUANZI: Political, Economic, and Philosophical Essays from Early China - A Study and Translation. Volume 1: Chapters I, 1-XI, 34, AND XX, 66-XXI, 65-66[M]. (Revised edition), Cheng and Tsui Company, 2001.

[30] REITER, FLORIAN C. Book review[J]. Monumenta Serica, 1986, 37(1):360-363.

[31] YATES, ROBIN DS. Book review[J]. The Journal of Asian Studies, 1988, 47(1): 128-129.

A Study of Foreign Translation of *Guanzi*

——With an emphasis on its effectiveness in communication

Dai Yongjun, Xu Xuexi

Abstract: The book *Guanzi* derives its name from Guan Zhong, a representative of the Legalists during the Spring and Autumn Period and Warring States Period. This literary work contains a wealth of ideological and political insights on governing a country, which have been meticulously distilled and elucidated. Thus, it serves as an invaluable repository of Chinese cultural classics, whose purview spans over generations. Over the past century and beyond, Guanzi has been recurrently translated into several languages such as English, French, German, Korean, Japanese, Italian, and Vietnamese, constituting a systematic effort to disseminate Chinese culture on a global scale. However, despite these linguistic feats, the book still leaves much room for external communication, and it is scarcely deployed to realize its full potential. Hence, modern Chinese scholars have to ponder the need to enhance the practical outreach of China's traditional ideology and culture, by exploring ways of linking *Guanzi*'s foreign translation with the image of the Rule of Law in China, and preserving the scope for gauging the thought epitomized in *Guanzi*'s cultural and legal paradigms. Such multifaceted approaches would offer Chinese insights and innovative solutions, thereby furnishing new dimensions for the advancement of the international community.

Keywords: *Guanzi*; foreign translation; communication effect; thought on Rule of Law; image of Rule of Law

金庸武侠小说《射雕英雄传》英译本传播效果研究

——基于亚马逊读者评论的文本挖掘分析

谭 华*

摘 要： 基于R文本挖掘与数据处理技术，本文采集西方主流图书交易平台亚马逊关于《射雕英雄传》英译本的读者评论构建文本数据库，量化呈现读者星级评价、情感态度、主题认知、GIS地理信息分布。此外，本文还结合文本近读方法，选取高影响力读者评论文本进行质性分析，探究其阅读体验中具体的情感态度、译本质量的关注维度等，以期为中国武侠文学外译作品的翻译和传播提供启示。

关键词：《射雕英雄传》；武侠小说；读者评论；R；文本挖掘；传播效果

---

* 谭华，华中师范大学副教授，硕士生导师，复旦大学博士后（在站），主要研究方向为中国文化外译，语料库翻译学，数字人文等。
本文系中国博士后科学基金项目"数字人文视域下中国典籍英译译出与译入文本翻译风格计量研究"（2023M730702）、广东外语外贸大学翻译学研究中心招标项目"善译理论体系探索"（CTS202010）、湖北省教育厅哲学社会科学研究项目"后军运时代武汉语言环境的国际化提升研究——基于军运会语料的赛会语言服务汉英平行语料库建设与应用"（20G012）、华中师范大学人工智能助推教师队伍建设行动试点教学创新项目"小雅智能平台赋能大学英语分级教学模式创新研究"（CCNUAI&FE2022－03－09）的阶段性成果。

引　言

  2018 年瑞典姑娘郝玉青（Anna Holmwood）英译的《射雕英雄传》第一卷横空出世，在世界范围内掀起一阵武侠热，收获大批欧美读者粉丝。中外各家媒体争相报道。外国媒体将《射雕英雄传》誉为中国的《指环王》。至 2020 年，四卷本《射雕英雄传》出齐。《射雕英雄传》英译本的问世不仅为全世界的武侠迷带来了精神食粮，也为翻译研究者提供了研究素材和话题。目前学界就《射雕英雄传》英译本展开了不少研究，探讨了翻译策略、译本风格等诸多方面。不过，对于其传播效果的研究尚不多见，尤其少见基于海外读者评论的传播效果研究，鲜见研究进行读者接受度、文化心理、情感倾向等量化分析。

  基于读者评论考察中国文学英译作品的海外接受效果研究目前在学界已有展开。比如，许宗瑞（2017）通过亚马逊读者评论信息考察了莫言作品英译本的海外译介效果；张璐（2019）基于 Python 情感分析技术，以亚马逊平台读者评论为分析对象，考察了《三体》英译本的海外接受；李书影和王宏俐（2020）基于 Python 数据分析技术，以亚马逊（Amazon）和好读（Goodreads）平台读者评论为考察对象探讨了《道德经》的海外接受效果；张汨和王志伟（2020）借助好读平台的读者评论考察了《射雕英雄传》英译本在海外的接受与评价，不过，两人主要采取近读的方法，选取典型评论进行质性分析，缺乏基于数字人文技术的量化研究；石春让和邓林（2020）运用情感分析技术，对莫言小说英译本在亚马逊平台的读者评论进行分析，以考察莫言作品英译在海外的接受效果。然而，总体而言，基于海外读者评论的中国文学作品海外传播效果研究远远不足。如许宗瑞所言，在网购网评的时代潮流之中，我们不仅要充分重视和利用亚马逊网站用户评论这样重要的阵地和平台，积极宣传中国作家、作品，还要通过这些重要的阵地和平台，"密切跟踪国外读者对中国作家、作品及其译本的评论和反馈，正视和重视读者提出的各种批评甚至指摘，定期分析和总结各种作品的实际译介效果，准确把握读者的阅读习惯、思维方式、审美情趣、价值观念"（许宗瑞，2017：49），以便我们适时调整和完善译介的内容、策略、方法，更好地推动中国文学"走出去"。

一　研究设计

（一）研究方法

本研究主要采取数字人文研究的方法，基于海外读者评论文本数据，对金庸武侠小说《射雕英雄传》英译本的海外接受效果进行考察，运用的具体分析方法包括文本抓取、文本挖掘、情感分析、主题分析、语义网络分析等数据分析方法。

（二）研究工具

本研究所用的主要分析工具是开源数据分析工具 R。研究所用文本语料主要来自亚马逊网站的读者评论。

（三）研究问题

本文主要回答以下几个问题：

（1）《射雕英雄传》英译本读者群来自哪些国家和地区？分布有何特点？

（2）《射雕英雄传》英译本读者评论的关注点主要有哪些？有哪些主题？

（3）《射雕英雄传》英译本读者评论的总体情感是什么？

（4）《射雕英雄传》英译本读者评论的研究发现对文学、文化外译有什么启示？

二 文本数据处理

（一）文本获取

利用 R 语言分别以"A Hero Born"、"A Bond Undone"、"A Heart Divided"和"A Snake Lies Waiting"为检索词在亚马逊平台采集相关读者评论。采集评论的时间范围为 2017 年 12 月 22 日至 2022 年 1 月 3 日。采集内容包括评论者、评分星级、评论时间、评论者所属地区、评论标题、评论内容、评分人数等。采集的初步数据存入 csv 文件，以便文本数据分析。

（二）文本清洗

首先，进行初步清洗，人工删除非英文评论、重复文本、无文字评论、无关内容、纯表情符号等，清洗后共得到有效评论 178 条。其次，进行文本降噪，运用 R 代码进行文本分词、字母大小写转换、词形还原、设置停用词等。最后，基于清洗和降噪后的文本，运用 R 绘制主题词云图，对《射雕英雄传》英译本海外英美读者的评论文本进行可视化呈现。

三 文本数据挖掘分析

（一）读者星级评价与评论发帖趋势

读者整体星级评价方面，如表 1 所示，就读者参评人数而言，第一部即 *A Hero Born* 参评人数最多，最新一部即第四部 *A Heart Divided* 参评人数最少；就评分星级而言，四部星级都比较高，第一部均值为 4.6 星，其余三部均值为 4.7 星（1—5 星级）；就文字评论数量而言，第一部最多，后面三部远远少于第一部；就亚马逊网站读者评论文字情感倾向智能自动分析而言，四部小说正面评论（positive）共 178 条，负面评论（negative）共 38 条，读者情感正负比约为 4.7∶1。可见，从整体星级评价来看，《射雕英雄传》英译本在海外受到较高评价，接受度较高，传播效果良好。

表 1　海外读者评论评星概况

Legend of the Condor Heroes Series	星级评分总数	平均星级	5星数量	4星数量	3星数量	2星数量	1星数量	正面评论数量	负面评论数量
A Hero Born	540	4.6	75%	17%	4%	2%	1%	142	35
A Bond Undone	182	4.7	79%	17%	3%	0%	1%	9	2
A Snake Lies Waiting	218	4.7	80%	16%	3%	1%	0%	14	0
A Heart Divided	107	4.7	80%	16%	4%	1%	0%	13	1
总计	1047	4.675						178	38

　　从读者评论发帖年度趋势来看，如图 1 所示，2017 年和 2022 年评论数量都很低，原因在于《射雕英雄传》英译本 2017 年底才上市，因而当年评论数量很少，本文收集数据截止到 2022 年 1 月 3 日，因而 2022 年度评论数量也很少。2018 年读者评论数量猛增，到 2019 年评论数量达到顶峰，2020 年读者评论数量下滑，2021 年保持平稳。由上表可知，第一部星级评分和评论数量都居第一位，此后三部在星级评分和评论数量上都远低于第一部，原因之一可能在于作为该系列第一部英译本，中外媒体都大力宣传，吸引了大量读者关注，后面三部的上市在宣传力度上不如第一部，读者的新鲜感和好奇心减弱。

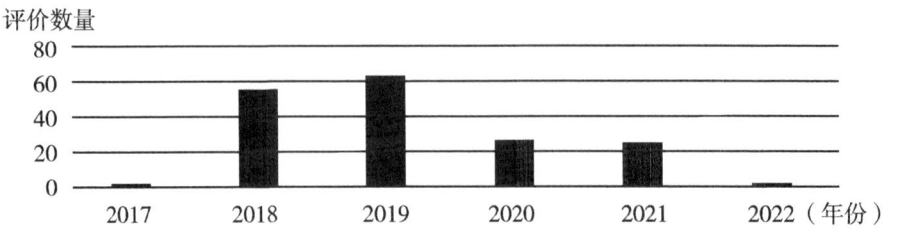

图 1　海外读者评论年度趋势

如李书影和王宏俐所言,"读者评价作为检验作品译介效果的重要环节,其接受度会对其他海外读者的阅读动机或购买行为产生重要影响",因而,读者积极的认同为以《射雕英雄传》为代表的中国武侠文学"更好地走出国门、更广泛地海外传播提供了良好的读者基础和持续的生命力"(李书影、王宏俐,2020:36)。

(二)读者评论 GIS 地理信息热力分析

GIS 地理信息热力分析可以反映读者群在世界范围内所处的位置,进而揭示作品在各个地区传播热度的分布情况。《射雕英雄传》英译本的海外读者主要分布如图 2 所示。由图 2 可知,《射雕英雄传》英译本的海外读者群分布在 9 个区域,其中最主要的分布区域在英国和美国,占整个海外读者群的绝大部分,其次是加拿大以及澳大利亚。这些国家都是以英语为母语或官方语言。此外,德国也有不小的读者群体。参与评论的读者还有印度、意大利、日本以及荷兰,这些国家都不以英语为母语。这种读者群体地理分布表明,《射雕英雄传》英译本的海外读者群体主流虽然在英美等英语母语国家,在一些非英语母语的国家,甚至非英语官方语言的国家,也能争取到一部分读者群体。

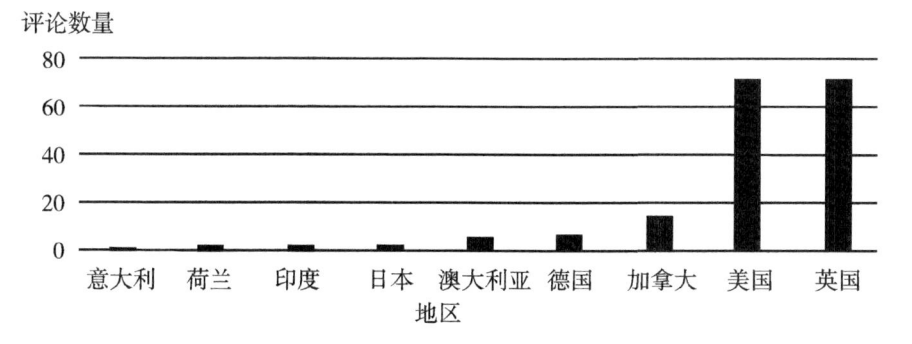

图 2 海外读者评论地区分布

在图 2 的基础上,我们运用 GIS 技术进行地理热力分布分析,进行了《射雕英雄传》英译本海外读者评论热力地图分布可视化。其中,英国和美国的读者评论热度最高,其次是加拿大、澳大利亚和德国。印度和日本也有一些读者评论。更多的地区没有出现评论数据，包括非洲、南美洲和亚洲大部分地区。这些地区不少国家也以英语为官方语言，如南非，但却没有相关的读者评论数据，中国作品英译在这些地区应有开拓空间。

（三）读者评论主题词云图

我们运用 R 大数据语言分析处理工具，通过设置停用词过滤掉大量的低信息量文本，绘制了读者评论主题词云图。词云图通过渲染社会网络文本中出现频率较高的"关键词"，"使浏览者能一目了然地领略文本的关注热点和主题"（李书影、王宏俐，2020：36）。关键词频次越多，在词云图上显示的字号越大，视觉上越突出。图 3 显示了《射雕英雄传》英译本海外读者评论主题关键词。

图 3　海外读者评论主题词云分析

观察上述词云图，可发现《射雕英雄传》英译本海外读者评论主题词主要分为三类：（1）中国作品英译主题，如翻译（translation）、翻译的（translated）、译者（translator）、中国的（Chinese）、中国（China）、英语（English）等，说明读者关注这部中国小说的英译本；（2）作品体裁、人物等主题，如书（book）、故事（story）、武侠（martial）、系列（series）、人物（characters）、英雄（heroes）、奇幻（fantasy）等；（3）阅读效果体验主题，如读（read、reading）、好（good）、喜爱（like、love）、太棒了（great）、很棒（wonderful、amazing）、很喜欢（enjoyed）、很享受（enjoyable）、有趣（interesting）、最爱的（favorite）、推荐（recommend）、想要（want）、指环王（lord、rings）等，显示读者的积极评价态度和很好的阅读体验。当然也有"难以理解的"（difficult）等词出现，反映读者面临的阅读困难。

（四）读者评论情感分析

情感分析是自然语言处理领域中一个十分重要的分支，通过对带有情感色彩的主观性文本进行分析、处理、归纳和推理，挖掘出分析对象的情感态度。情感分析在商品评论、舆情判断等领域应用广泛。情感分析目前主要通过两种手段来实现：机器学习和情感词典。本研究采用基于情感词典的方法进行情感分析。基于词典的情感分析方法，首先要构建一个情感词典，一般包括正向情感词和负向情感词，其次在 R 等程序语言中加载情感字典，利用情感词典统计待分析文本中的正向情感数和负向情感数，最后依据两者的差值进行情感极性的判断。差值为正值的文本呈现正面情感，差值为负值的文本呈现负面情感，差值为零的文本呈现中性情感。在实际操作中，这一差值通常被标准化转换为负 1 到正 1 区间的值。

我们首先在 R 中加载 quanteda 包，创建情感分析语料库，每一条评论构成一个语料库，共 178 个语料库，统计了每个语料库的大小，即其 tokens 数量，并按评分星级分类汇总绘制了不同星级评论长度图，如

图 4 所示。从图 4 可知，最长的读者评论处于四星级评分范围，其长度接近 1500 词，五星级评分的读者评论文本较长，一星级和二星级的读者评论文本较短。较长的评论往往要认真阅读作品之后才能做出，并且是比较详细深入的评论。《射雕英雄传》英译本海外读者的较长评论的评分星级都在四星级以上，表明认真阅读这部小说的海外读者对其评价较高，接受度较高，传播效果良好。

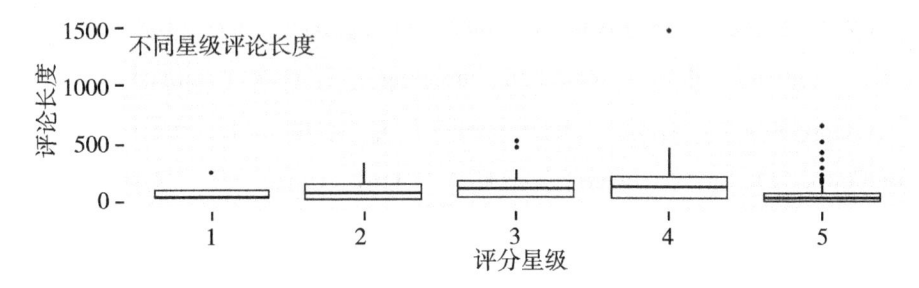

图 4 海外读者不同星级评论长度分布

注：箱线图中，箱外的点代表异常值，箱中的一条横线代表中位数（排到第 50% 的数），箱的上边缘代表上四分位数（排到第 75% 的数），下边缘代表下四分位数（排到第 25% 的数）。

然后，我们加载 tidytext 包，对读者评论内容进行分词，加载 tidytext 包的停用词，对评论进行去停用词处理，接下来加载 tidytext 包的情感词典 nrc，分别统计评论内容中的正面和负面情感词，进行简易的情感分析，绘制情感词云图，如图 5 和图 6 所示。

词云图中，字号大小反映关键词的出现频率高低，字号越大，关键词出现频率越高，反之越低。如图 5 正面情感词云图所示，字号较大的关键词有喜爱（love）、史诗（epic）、经典（classic）、英雄（hero）、动作（action）、善良的（kind）、最终（finally）、故事（tale）、有趣（fun）、指环王（lord、king）、完美（perfect）、愉快的（glad）、大师（master）等，这些关键词涉及的主题包括读者的阅读感受与体验，如 love、fun、glad、perfect、lord of the rings 等，小说的体裁、内容、人物等，如 epic、classic、master、hero、tale 等。图 6 负面情感词云图中

图5 海外读者评论正面情感词云图　　图6 海外读者评论负面情感词云图

字号较大的关键词有等待（wait）、战斗（fight、fighting）、丢失（lost、loss）、抄袭（copy）、可笑（ridiculous）、无聊（boring）、差劲（bad）、糟糕（awful）、失望（disappointed）、复杂（complicated）、怪异（bizarre、weird）等，从这些关键词来看，涉及的主题可能有翻译和阅读体验问题，如 bad、awful、lost、loss、disappointed、betrayal、treacherous、confuse 等，小说的情节，如 boring、ridiculous、weird、complicated。不过，有些词，如 snake 为第三部标题中的词，并非读者的负面评价。

上述情感词云分析反映了海外读者评论中出现的正面和负面情感词，是所有评论中出现的情感词。总体而言，反映了正面情感和负面情感所关注的主题，但无法反映评论是正面的还是负面的，即正面情感的评论多还是负面情感的评论多。对此，我们进一步运用 Sentiment Analysis 情感分析包进行深入的情感分析，对每条评论的正负情感进行计算分析。Sentiment Analysis 情感分析包也是基于词典进行分析。该分析包基于情感词典，通过统计分析文本中出现的情感词，计算文本的情感分值，转换为负1至正1区间的值，并根据情感分值判定其正负情感类别。我们根据 Sentiment Analysis 包的情感分析结果，绘制了海外读者评论的情感分值分布图。

如图7所示，左面的分布图x轴为读者评论编号，y轴为评论的情感分析得分。如图7（a）显示，多数评论的情感分值都在0以上，即都是正面情感。图7（b）显示了正面情感评论数和负面情感评论数的整体分布，其中，正面情感评论数超过150条，负面情感评论数大约15条，不到正面情感评论的10%。这一结果也与亚马逊平台自带的情感倾向智能分析结果相符，表明《射雕英雄传》英译本在海外的读者接受度较好，受到读者的好评，传播效果较好。

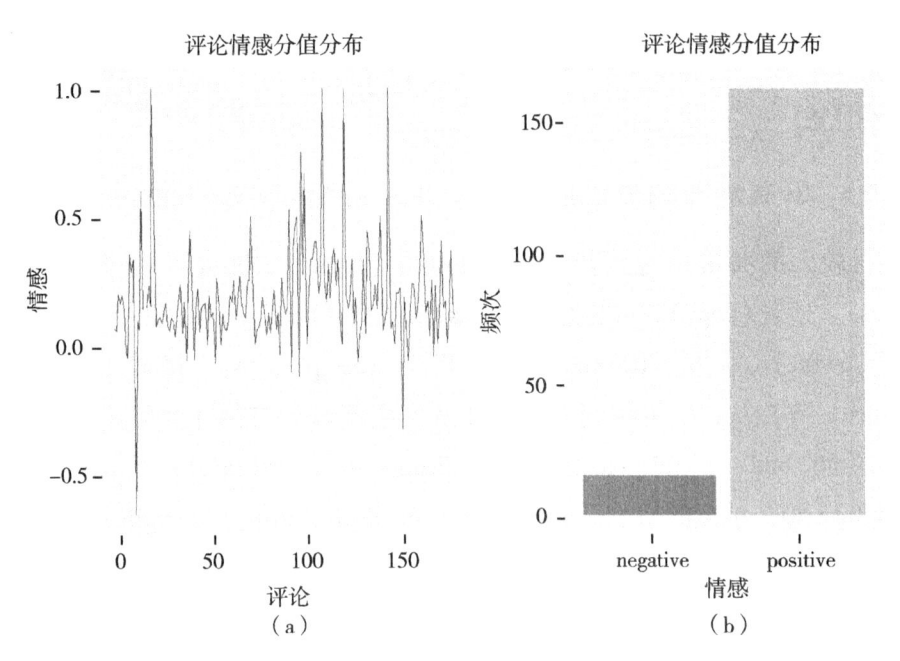

图7　海外读者评论情感分值分布

（五）读者评论LDA主题分析

上文的主题词云图分析中，我们通过观察词云图结果，大致分析了读者评论的聚焦主题。数字人文分析往往运用更为科学的算法来进行主题建模分析。LDA（Latent Dirichlet Allocation），即隐含狄利克雷分布，是主题模型分析中比较著名的方法。在R中，lda、topicmodels等包都提供 LDA 主题建模分析。我们运用 topicmodels 包对《射雕英雄传》英译本的海外读者评论进行 LDA 分析。为了考察正面情感评论与负面情感评论各自所关注的主题，我们基于上一节情感分析对评论内容的正负情感标记，将所有评论分为正面情感评论和负面情感评论，分别进行 LDA 分析。我们将主题数量设置为 10 个，并用相关性和流行度值评估模型的质量，以检验各个主题的质量，并对质量较高的主题进行了可视化，呈现了每个主题的主要关键词。

图 8 展示了《射雕英雄传》英译本海外读者正面情感评论前 6 个主题的 top 12 关键词，反映了每个主题关注的焦点。由图 8 可见，阅读（read）、喜爱（like）、翻译（translation）、人物（characters）、武侠（martial）、金（庸）（jin）、系列（series）、中国的（Chinese）、故事（story）等是每个主题关注的内容。仔细对比每个主题的关键词，可以发现主题词都是相同的，但是每个词在不同的主题中的相关性即概率不一样。有的主题最关注阅读体验，其 top 1 是阅读（read），如主题 1 和主题 4，有的主题最关注翻译，如主题 2。虽然这些主题中，关键词的相关性有差异，但都是相同的词，反映了这些词构成《射雕英雄传》英译本海外读者正面情感评论所关注的焦点，主要涉及阅读体验、翻译、作品体裁、作者等方面。

图 9 是《射雕英雄传》英译本海外读者负面情感评论前 6 个主题的 top 12 关键词。由图 9 可见，每个主题的关键词都相同，其相关性即概率也相同，表明这些主题事实上可以合并为一个主题，原因在于负面情感评论数量很少，如上文情感分析所示，负面情感评论只有十几条，而且其长度较短。从负面情感评论主题的关键词来看，翻译（translation）相关性即概率最高，表明翻译问题是负面情感评论最关注的方面，其次是故事（story）和系列（series），这与作品的情节相关，说明负面评论读者也关注作品的情节发展。阅读（read）一词的相关性即概率也很高，反映了这些读者很注重阅读体验。此外还有关注作品体裁的词如武侠（martial），作品内容的词如人物（characters）等，这些构成负面情感评论关注的焦点。

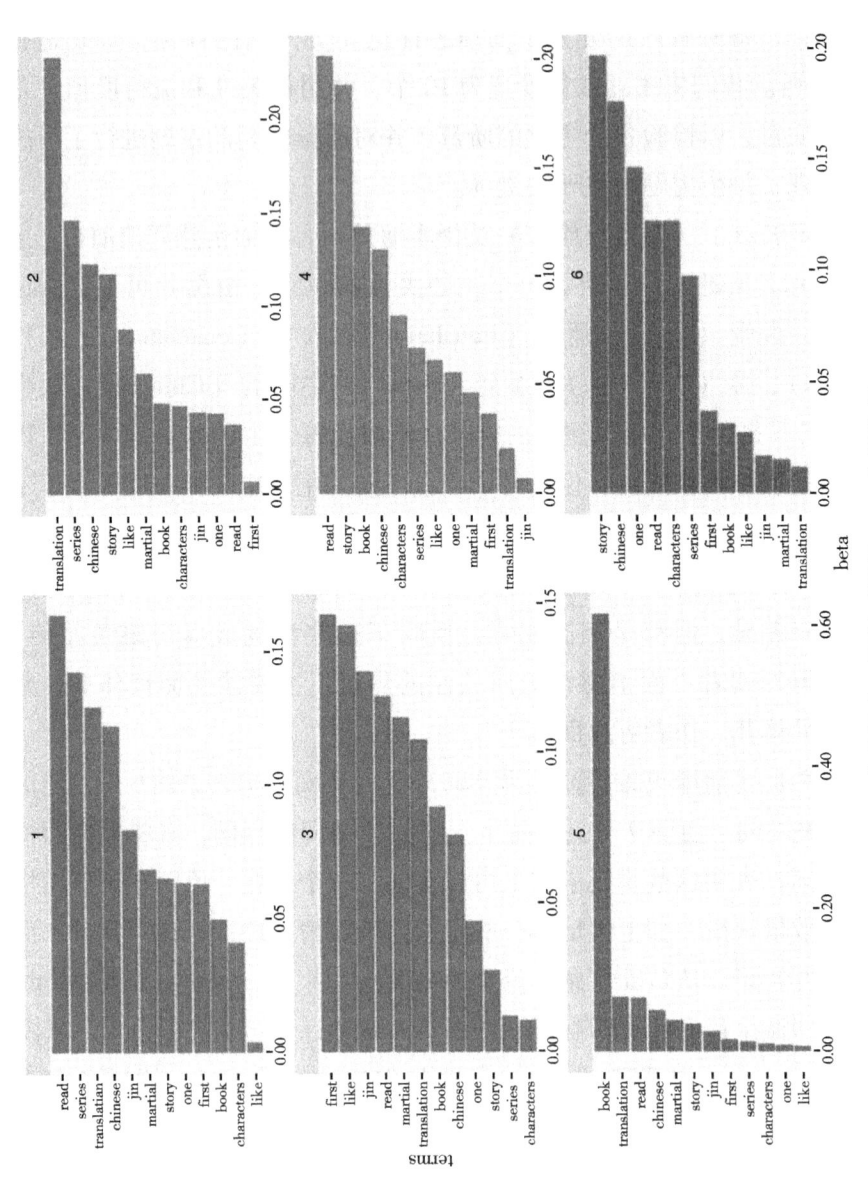

图8 海外读者正面情感评论LDA主题分析

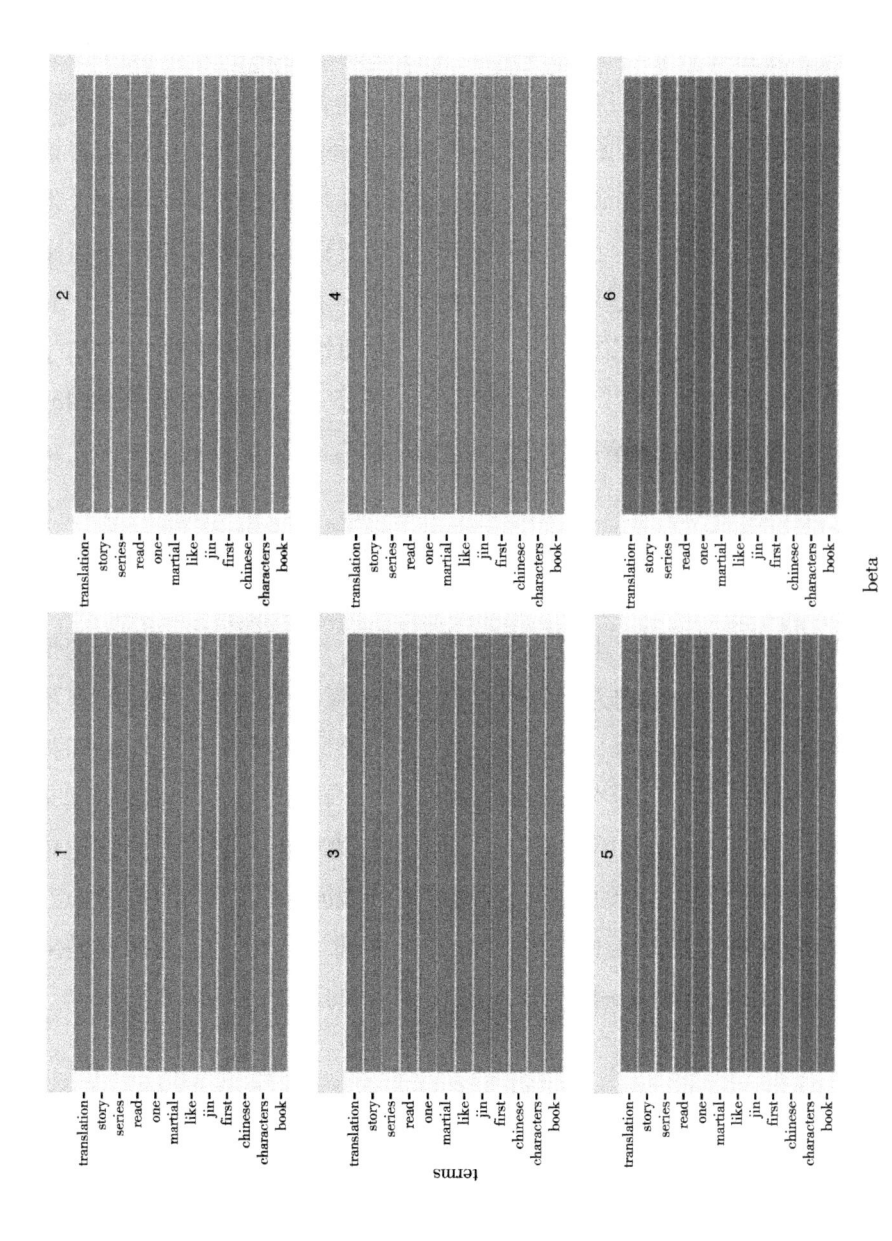

图9 海外读者负面情感评论LDA主题分析

四 读者评论文本质性分析

通过上述量化分析，我们考察了《射雕英雄传》英译本海外读者评论的概况、GIS 地理信息分布、情感分布、主题分布等方面，本节我们进行文本细读，对高影响力的评论进行质性分析，近距离观察读者评论的关注点。亚马逊读者评论中，评论的影响力通过有多少"个人发现此评论有用"来体现。在《射雕英雄传》英译本海外读者正面情感评论中，有一条有 256 人认为"此评论有用"，在负面情感评论中，有一条有 12 人认为"此评论有用"。此外，正面情感评论中影响力高于 10，即有 10 人以上认为"此评论有用"的有 5 条，影响力分别为 43、33、23、14 和 11，负面情感评论中影响力较高的还有 1 条，有 5 人认为"此评论有用"。

影响力为 256 的正面情感评论，根据其评论内容，评论人应为在海外的中国读者，内容主要是关于对英译本《射雕英雄传》感到意外和惊喜，欣喜这本经典武侠小说传播给西方读者，回顾了自己读原版的情形，以及金庸作品的影响力等，同时也提到尽管翻译质量不错，仍有不足，比如有些武功招式译为英文后失去了汉语原文所具有的气势和神韵，如"九阴白骨爪"译为"nine yin skeleton claw"，不如原文听起来让人恐惧。该评论虽然影响力高，但评论人应为中国读者，而且评论内容多涉及对金庸武侠小说的情怀，因而难以代表海外读者评论的关注点。我们对影响力第二高的正面情感评论进行了细读分析。这条评论是对《射雕英雄传》英译本第一部，即 *A Hero Born* 的评论，其原文如下：

Loved the book. It's everything I expected it to be based on the tv adaptations and the synopsis I'd read. It's wuxia at its finest. My only complains on the edition are the following two: 1) They translated certain names and not others. I would've preferred all names left in their original form and a footnote if necessary to explain anything relevant like the Huang

Rong (Aka Lotus Huang) thing. Some names like Hector Sha make no sense. Why westernize the name? I'd like to talk to the translator about this. 2) I get that trilogies are popular, but was it necessary to split this book in three? If so, why end it in that specific point in the middle of everything that's going on? That said I repeat, loved the book. I only hope they don't take a year between each or I'll be old when the whole twelve books are over. (Ezequiel Davidovich Caballero, 2018 Amazon 读者)

从其评论内容来看,该读者对英译本《射雕英雄传》的阅读体验很好,认为这是最好的武侠小说,并且很期待阅读整个射雕三部曲,但同时也对这个译本有些不满,主要是有关翻译问题,该读者希望人名的翻译保留汉语原文特点,采取异化的译法,而不是归化的译法,西化这些名字,必要时可以增添脚注,以便读者了解相关的文化知识背景。该读者的评论得到较多赞同,表明其他读者也期待读到异域特色的英译本小说,而非一味迎合西方特色。

负面情感评论中,我们分析了影响力最高,即有12人认为"此评论有用"的评论,这条评论的原文如下:

I was really looking forward to reading this, and came to it with a deep love of world literature in general, (good) fantasy, Chinese culture, and history. But I have to confess that by page 80 I simply couldn't maintain any interest. There's no lack of action, but the prose is so abrupt that those first 80 pages really do read like a child's review of a kung fu movie (and judging by other reviews I'm not the only one to think so). "Fury Wong flew through the air and kicked Chairman Bao. Chairman Bao kicked back but his kung fu wasn't good enough. So they sat down and drank some rice wine. Then they fought the guards that had suddenly appeared and defeated them all." It really is on that level and it never progresses beyond this. The translation also feels like it has let through a lot of Chinese flavor – which could be good of course – but at the cost of more easily readable English idiom. Having said that, I find it difficult to believe that the original Chinese text is somehow richer and more nuanced. As a postscript I must scold the publishers for their pathetic and predictable attempts at comparing Jin Yong to Tolkien. That's like comparing the Mr Men books to Shakespeare.（Modern Viking，2018 Amazon 读者）

从其评论内容来看，该读者是中国文化的爱好者，热爱中国文学，然而对这部《射雕英雄传》英译本并不满意，认为该英译本文笔很生硬、不流畅，"读起来就像一个小孩对功夫电影的评论"。就其翻译而言，该读者认为这个译本保留了很多中国韵味，但牺牲了可读性，放弃了更可读、更地道的英语表达。此外，该读者对出版方将金庸比作《指环王》的作者托尔金感到不满，认为金庸的作品远比不上托尔金的作品，认为这就像拿儿童读物与莎士比亚戏剧相比。

五　结　语[*]

上文通过亚马逊读者评论考察了《射雕英雄传》英译本的海外读者传播效果。整体而言，《射雕英雄传》英译本在海外的接受度较好。从读者评星来看，读者平均评星超过 4.6 星（满分 5 星）；从传播地域分布来看，GIS 分析显示英国和美国是主要传播地区，此外还有加拿大和澳大利亚等英语国家，非英语国家中传播较好的有德国和意大利，传播范围有待拓宽，可以开拓非英语母语的国家和地区；从评论的情感态度来看，绝大多数评论都表现出积极正面情感，表明整体而言读者阅读体验较好，对译本满意；从评论的主题和焦点来看，读者关注较多的主题涉及作品的翻译、阅读体验、作品体裁和情节内容等。

---

* 本文受浙江工商大学李文中教授讲座"《道德经》英译的国际评价探究"的启发，部分代码改编自李文中教授讲座后提供的代码，同时感谢李文中教授在邮件中给予我的指导！

上述西方主流图书交易平台亚马逊读者评论的量化与质化分析结果表明，尽管部分读者对译本语言质量等提出批评，但总体而言，《射雕英雄传》英译本海外读者接受度较好，英美读者对这部经典武侠作品分享了正面的情感评价与阅读体验，对其承载的中国文化元素保持着很大热情和关注度。虽因译者的阐释角度与读者期待难以吻合，读者表现出褒贬不一的阅读体验和审美认知，这些不同的声音会促使中国文学作品在异域文化中不断获得符合时代特征的新生命力，让我们进一步反思如何提升中国文学的海外传播效果与可持续性。如黄友义（2008：6）所言，"翻译作为中外文化交流的桥梁，始终担负着跨文化传播的历史使命和社会责任"。在中国文化"走出去"的背景下，如何用好翻译，向海外读者传播中国文学，"有针对性地使用他们熟悉的话语体系来构建中国文学外译话语系统，掌握中国文学外译的话语权"（张丹丹，2020：107），是广大翻译工作者的历史使命。在中国文学对外传播过程中，虽然不可不加分辨地一味迎合海外读者的期待，牺牲中国文化身份，但也不可完全置目标读者之期待于不顾。在网络时代，网络读者评论如亚马逊、好读等读者社交平台的评论，为中国文学"走出去"提供了很好的读者期待和反馈信息。在中国文学译介过程中，深入研究这些评论，充分考虑这些评论的意见，将更好地推动中国文学"走出去"，提升传播效果和影响力。

参考文献

[1] 黄友义. 发展翻译事业，促进世界多元文化的交流与繁荣 [J]. 中国翻译，2008 (4)：6-9，94.

[2] 李书影，王宏俐.《道德经》英译本的海外读者接受研究——基于 Python 数据分析技术 [J]. 外语电化教学，2020 (2)：35-41，6.

[3] 石春让，邓林. 基于情感分析技术的莫言小说英译本在西方的接受程度研究 [J]. 外国语文，2020 (3)：91-96.

[4] 许宗瑞. 莫言作品的国外读者评论——基于亚马逊网站莫言作品英译本"用户评论"的研究 [J]. 燕山大学学报（哲学社会科学版），2017 (3)：43-50.

[5] 张丹丹. 中国文学外译：困境与出路 [J]. 西安外国语大学学报, 2020 (1): 103 - 108.

[6] 张璐. 从 Python 情感分析看海外读者对中国译介文学的接受和评价：以《三体》英译本为例 [J]. 外语研究, 2019 (4): 80 - 86.

[7] 张汨, 王志伟. 金庸《射雕英雄传》在英语世界的接受与评价——基于 Goodreads 网站读者评论的考察 [J]. 东方翻译, 2020 (5): 18 - 25.

The Dissemination Effect of the English Translation of Jin Yong's MAF *The Legend of the Condor Heroes*

—A Text Mining Study of Overseas Reader Comments on Amazon

Tan Hua

Abstract: Based on the text mining and data processing with R, the paper collected the comments of overseas readers on the English version of the Chinese martial arts fiction *Legend of the Condor Heroes* (*she diao ying xiong zhuan*) from the mainstream e-commerce platform Amazon, and built a dataset of readers' comments. A quantitative analysis of the dataset was made on the readers' starring, sentiments, topic of comments and geographical dispersion with GIS. In addition, a distant reading was conducted in the paper. Comments with high influence were selected for a qualitative analysis to investigate such dimensions as the sentiments and attitude of the readers, and the translation quality, so as to provide insights for the translation and dissemination of the Chinese martial arts fictions.

Keywords: *Legend of the Condor Heroes*; Martial Arts Fiction; Readers' Comments; R; Text Mining; Dissemination Effect

国家翻译实践中的红色文化译介传播：
特征、价值与路径

焦良欣　孟冬永[*]

摘　要：推动红色文化的译介传播，是创新国际传播、讲好中国故事的应有之义。红色文化译介传播体现国家层面翻译实践的特征，是一种国家翻译的对外文化话语实践，具有自发性、自利性、自主性三重国家翻译实践属性。红色文化译介传播有利于塑造我国国家形象、增强国家文化竞争力和文化软实力。红色文化译介传播积累了一定历史经验，可在国家翻译实践范畴下，从统筹建立红色文化译介传播的国家翻译制度与规划；制定红色文化译介的国家规范与标准；以国家翻译实践优化红色文化对外话语建设；在国家翻译实践中推动红色文化的创造性转化与创新性发展四个方面加强红色文化译介传播的路径研究。

关键词：国家翻译实践；红色文化；译介；传播；路径

---

[*] 焦良欣，枣庄学院大学英语教学部讲师，主要从事翻译学研究；孟冬永（通讯作者），枣庄学院外国语学院副教授，主要从事日语翻译研究。
本文为枣庄学院科研基金一般项目"国家翻译实践视阈下中央文献日译策略研究"（项目编号：2017YB08）、2023年枣庄学院教学改革研究项目"基于《理解当代中国》系列教材的外语教育国家意识培育研究"的阶段性成果。

引　言

2023年10月8日，习近平总书记对宣传思想文化工作作出重要指示，宣传思想文化工作事关党的前途命运，事关国家长治久安，事关民族凝聚力和向心力，是一项极端重要的工作。今天的中国日益走近世界舞台的中央，文化中国要与世界深度融通，对外讲好中国故事、构建融通中外的中国叙事体系已成为时代之需。在对外传播中，讲好中国共产党的故事，尤其要注意讲好中国共产党领导中国人民创造的红色故事。推动红色文化的译介传播，是创新国际传播、讲好中国故事的应有之义。

红色文化是指五四运动以来，中国共产党把马克思主义基本原理同中国具体实际相结合，领导团结中国各族人民在革命、建设、改革过程中形成的具有历史价值、教育意义、纪念意义的物质财富和精神财富的总和（山东省人民代表大会常务委员会，2020）。红色文化可涵盖红色文献、红色文学、红色歌曲、红色电影、革命旧址、革命历史纪念场所、革命遗物、革命精神等。红色文化体现了中国革命先辈们的精神追求和价值观，是一种珍贵的国家记忆和文化资源，对于理解中国的历史和现实具有重要的价值。当前，关于红色文化在国内的传承弘扬方面有广泛共识且路径明晰，取得了一系列提升红色文化传播力影响力的成果。然而，由于时空、语言、文化背景和意识形态差异等的复杂性，红色文化的译介和对外传播方面还存在翻译准确性欠缺、内外传播失衡、中外文化差异未弥合、传播渠道与模式单一等问题（费雯俪，2022）。红色文化的译介传播对于国家利益的重要性和战略意义不言而喻，具有输出型国家翻译实践的特征，可视为国家翻译和对外传播的一部分。从国家翻译实践的视角出发，或可得出推动和完善红色文化对外译介传播的某些启示。

一 红色文化译介传播的国家翻译实践特征

国家翻译实践是指主权国家以国家名义为实现自利的战略目标而自发实施的自主性翻译实践（任东升、高玉霞，2015：93）。国家是国家翻译实践的法律主体，而受委托的翻译机构或翻译行为的实施者为国家翻译实践的行为主体，国家翻译实践工程的人力资源可划分为三类：高位主体（国家）、中位主体（机构）和低位主体（项目实施队伍）（任东升，2022：58）。国家翻译实践的翻译机制表现为"组织—项目"的形式，国家在翻译制度和政策、机构设置、智力配备、资金投入、翻译方向和流程、译品发行等方面行使绝对支配权。红色文化的译介传播由国家主导，呈现出鲜明的国家翻译实践特征。其系统化翻译工作自20世纪60年代启动——为翻译《毛泽东选集》而设立毛泽东著作翻译室。《沙家浜》《红灯记》《红色娘子军》等红色戏剧、样板戏也在这一时期被译介到国外。自那时以来，许多学者和翻译家致力于红色文化的翻译和传播，取得丰硕的成果。红色文化对外译介传播不单是基于红色话语的符码转换活动，更是一种跨文化的、国家或地方政府赞助人推动的、由高位主体（国家）发起带动中位主体（机构）和低位主体（项目实施队伍）的多主体参与的国家翻译与传播行为。作为国家翻译的一种对外文化话语实践，红色文化译介传播具有国家翻译实践的三个基本特征：自发性、自利性和自主性（任东升、高玉霞，2015：94）。

（一）红色文化译介传播的自发性

红色文化译介传播的自发性体现在其本质上是一种由内而外的自然演变过程。红色文化是中国共产党人长期奋斗的历史积淀，是中华文化独特鲜明的标识。红色文化的缘起、生发、演进和译介传播过程，自始至终都带有鲜明的政党性、国家性。中华人民共和国成立后，中共中央主动对外译介毛泽东著作，以"组织—项目"的形式统筹协调相关机构和各方面力量，设立专门翻译机构、制定翻译规程、组织翻译人员、投入资金、据受众需求确定出版选题、组建专门对外发行机构，打通了翻译、出版、发行等各个环节，毛泽东还亲自为原文理解上的一些难题解疑释惑。中国国际书店（今天的中国国际图书贸易集团公司）曾提出中国要"输出自己的出版物，把毛泽东思想和中国革命胜利的经验介绍到外国去"（何明星，2009）。对于亚非各国通过外交途径要求译介其著作，毛泽东不主动要求版权费，甚至还曾退还收到的版权费，这在当时已经形成惯例。在全球化、多元化时代背景下，作为中外文化交流的重要内容之一，红色文化对外译介和传播具有历史必然性。红色文化是中国特色社会主义文化的代表，对红色文化的译介传播体现中国人民对于自身历史记忆和文化传承的热爱和尊重，也源自内在文化自信的驱动力。

（二）红色文化译介传播的自利性

党的十八大以来，习近平总书记在地方考察时遍访革命故地、红色热土，反复叮嘱要用好红色资源、传承红色基因。传播中国革命精神和红色文化，向世界展示中国革命事业的历史进程和伟大成就，有助于树立中国良好的国际形象。中华人民共和国成立以来，党和国家主要领导人著作集《毛泽东选集》、《刘少奇选集》、《周恩来选集》、《朱德选集》、《邓小平文选》、《陈云文选》和《江泽民文选》等在海外出版发行，增进了国际社会对中国革命与建设的认知和理解，扩大了中国在国际舞台上的影响力。红色文化是中国特色社会主义事业的重要组成部分，具有丰富的思想内涵和历史价值，传播红色文化可以促进中外文化交流，增进中国红色文化与世界文化、国际话语的互动，推动世界文化多样性和多元化发展；可以增强中国人民的文化自信和民族自豪感，推动中国特色社会主义事业不断发展；可以提高中国在国际事务中的话语权和影响力，推动构建人类命运共同体。

（三）红色文化译介传播的自主性

在红色文化译介传播中，自主性是其核心和灵魂。红色文化译介传播要具有自主话语权,掌握话语主动权,提高对外传播的针对性和实效性。要注重运用中国话语体系,结合国际社会和受众的关注点,加强与国际社会的交流和互动。"一切反动派都是纸老虎"(All the reactionaries are the Paper – Tiger)这一毛泽东著名论断的翻译就是一个极好的例子。原来当时的现场翻译用了英语中寓意类似的"稻草人"(Scarecrow)来替代,毛泽东了解情况后纠正说:"不行,我的意思是纸糊的老虎,是 Paper – Tiger。"于是,Paper – Tiger 这个毛泽东发明的组合词在世界广泛流传开来。建党百年,从"纸老虎"进入西方话语,到"白猫黑猫论"在美国《时代》周刊摘登,再到"一带一路""人类命运共同体"写入联合国决议,中国共产党人以自主自信的姿态发出自己的声音,讲述自己的故事。红色文化译介传播应注重自主创新,不断探索新的传播方式和手段,以适应时代的发展和变化。在传播过程中,加强对红色文化内涵的挖掘和阐释,在充分体现国家意志、塑造国家形象的前提下,弱化意识形态冲突,强调文化协调(陶友兰,2020)。同时,应注重自主品牌建设,加大对红色文化品牌的保护和推广,打造具有国际影响力的红色文化品牌。还应完善翻译人才的自主培养,加强人才队伍建设,提高人才素质和创新能力,培养一批具有国际视野和跨文化交流能力的红色文化外宣人才。

二 国家翻译实践中的红色文化译介传播价值

红色文化作为社会主义先进文化的重要组成部分,蕴含着丰富的革命精神和历史内涵,是中华民族的宝贵财富。如前所述,红色文化的译介传播体现国家层面翻译实践的特征,国家翻译实践的对外目的主要是通过翻译实践树立国家的良好国际形象,进而维护国家的政治、经济、文化安全和利益,增强文化竞争力和文化软实力。在国家翻译实践框架下,加强红色文化的译介与传播有重要价值。

（一）传承红色文化，弘扬民族精神

传播中国声音、展示中国形象是当前中国外交工作的重要任务之一。叙事体系承载着国家形象和国家利益，打造融通中外的新概念、新范畴、新表述是构建叙事体系的突破口（刘瑛，2023）。通过国家翻译实践，可以将作为"中国关键词"式的红色文化国际传播产品推广到世界各地，向世界民众展示中国革命历史、革命精神和社会主义建设成就，让世界了解中国、认识中国，从而增进对中国特色文化的理解和认识。红色文化体现了中国共产党领导下的中国人民为民族独立、人民解放和国家富强所作出的艰苦努力和伟大牺牲。通过译介传播红色文化，可以弘扬民族精神，对外展示中国特色社会主义的优越性和发展潜力，提高国际社会对中国的认同感和友好度，也为中国参与全球治理创造有利的软性条件。

（二）推动中国文化"走出去"，促进中外文化交流互鉴

红色文化的对外译介是推动中国文化"走出去"的重要途径之一。红色文化是中华优秀传统文化的重要组成部分，它既有深厚的历史底蕴，又有鲜明的时代特色。译介阐释红色文化，有助于展示中国的国家形象和文化魅力，提升中国文化的国际影响力，可以有效弥合中外价值观和语言文化的差异，促进中外文化交流与互鉴，推动中国与世界在更广领域、更深层次的开放交融、互联互通。红色文化是人类文明多样性的重要体现，它为世界文化宝库增添了独特的一笔。红色文化走出国门，可以丰富世界文化多样性，促进世界各国文化的共同繁荣与发展。

（三）提高国家翻译能力，创新国家翻译的对外文化话语体系

红色文化的译介传播涉及国家翻译实践中的对外话语体系构建、翻译人才队伍建设、多语种设置布局、翻译项目组织、翻译技术开发与应用、翻译行业管理和服务等多个侧面，包括政府、机构和行业等复杂的国家翻译实践主体。红色文化国家翻译实践本质是制度化翻译，其实施

机制可从国家翻译实践机制、翻译模式、翻译过程、翻译伦理等层面展开研究。在红色文化翻译项目实施过程中，国家翻译主体需深入研究红色文化的内涵和特点，掌握相关的历史背景和文化知识，这对提高制度化译者的翻译能力具有重要意义。红色文化国家翻译实践可以为中国特色对外文化话语体系创新提供丰富的素材和实践经验。

三 国家翻译实践中的红色文化译介传播路径

红色文化的译介传播过程体现国家翻译实践的自发性、自利性和自主性特征，但翻译是需要制度和体制规约的活动（高玉霞、任东升，2023：152），并且国家翻译实践是国家事权，必须从国家意志出发，根据近百年的国家翻译实践总结经验，创新国家翻译的治理路径（杨枫，2022）。实现红色文化的概念、范畴、表述在对外文化话语中的有效译介和传播，国家是其国家翻译实践的主体，同时也是翻译的目的。由于红色文化天然地具有强烈的政治属性和意识形态属性，其译介传播仍然面临"有理说不出、说了传不远"的对外传播困局，需要跨越不同文化之间的障碍，弥合中外文化差异。鉴于此，为满足国家翻译需求，保障国家翻译安全，提升国家翻译能力（周忠良，2023），须从红色文化译介传播的国家翻译制度与规划、国家规范与标准、对外话语建设、创造性转化与创新性发展等方面完善其治理路径。

（一）建立红色文化译介传播的国家翻译制度与规划

红色文化对外译介承担着向国内外受众传播中国革命文化、社会主义先进文化、展示中国形象的重要使命，属于制度化翻译的范畴，其译介传播应在国家翻译制度与规划中加以审视。红色文化译介传播的整体规划包括国家翻译实践制度规划、国家翻译实践本体规划、国家翻译实践教育规划、国家翻译传播规划等。中华人民共和国成立后的红色文化译介首推毛泽东著作、诗词等外译工作，1961年5月，《毛泽东选集》第4卷英文版出版发行，促进了我国翻译事业的规范化制度化发展。当时国际传播工作主要由中国外文局的前身——中央人民政府新闻总署国际新闻局为首的国家机构主导，承担党和国家重要图书、报刊等的对外宣介任务。《人民中国》《人民画报》《中国文学》等中国外宣刊物和中央人民广播电台国际广播开办的《毛主席著作选播》节目在宣介中国发展变化、促进中外交流上发挥了重要作用。挪威、瑞典、日本等国的民间机构、共产党机构组织译介出版的《毛泽东选集》，也扩大了毛泽东著作在世界范围的影响力。

近年来，为了促进红色文化译介传播，中央政府制定了一系列政策和规划，包括五年规划性质的国家文化发展规划、文化强国建设规划、对外文化交流合作规划等。这些政策和规划中，都涉及红色文化译介传播的内容和目标，并规定了相应的措施和保障机制。2023年6月2日，习近平总书记在文化传承发展座谈会上的讲话指出，在新的起点上继续推动文化繁荣、建设文化强国、建设中华民族现代文明，是我们在新时代新的文化使命。中共中央办公厅、国务院办公厅印发《"十四五"文化发展规划》提出，赓续中华文脉，传承红色基因，加强中华优秀传统文化和革命文化的研究阐释。红色文化译介传播需要从顶层设计入手，发挥自上而下的国家性系统调控机制，同时要综合运用自下而上的地方政府、社会机构的自发翻译实践机制。随着中央发出新时代新的文化使命，地方政府也纷纷制定传承弘扬红色文化的规章制度，仅撮其要如下：如2023年12月，福建颁布《关于加强红色文化遗存保护利用工作的意见》，加强对红色文化遗存保护利用的总体规划和传播推广；山东从省级层面加强规划，出台《山东省红色基因传承工程实施方案（2023—2027年）》，发布《山东省红色文化保护传承条例》《山东省革命文物保护利用工程实施意见》等文件，完善省内红色文化保护传承工作协调机制。为保护传承传播红色文化资源，山东临沂相继出台《临沂市红色文化保护与传承条例》《沂蒙精神发扬光大工作方案》《"弘扬沂蒙精神·传承红色基因"十大行动实施方案》；云南临沧制定了《临沧市"十四五"对外人文交流规划》，等等。

在红色文化译介传播的具体实践中，国家和地方政府还应采取多种措施，包括提高红色文化翻译质量、加强红色文化翻译管理、翻译人才培养、推进翻译市场化等，积极推动红色文化在国内外传播。一是红色文化资源的保护与开发，包括对革命遗址、纪念设施、革命文物等资源的保护和利用，同时加强对红色文化资源开发利用的规划和管理。二是红色文化传播体系建设，包括建设红色文化博物馆、展览馆、纪念馆等，同时加强红色文化传播人才队伍建设，提高传播质量和水平。三是建立红色文化传播协调机制、评估机制等，推动国家主导、自上而下或地方自主、多点发力的翻译规划与翻译实践之间的协动，强化高校、科研院所、企事业单位、民间团体之间的多层面通力协作，确保红色文化传播的规范性和有效性。四是完善政策法规体系。国家和地方应进一步加强对红色文化译介传播的政策支持，制定更加细致和具体的政策措施，包括财政支持、税收优惠、推动媒体合作等，以促进红色文化的国际传播和推广。

（二）制定红色文化译介的国家规范与标准

构建科学的制度体系是国家翻译实践工程项目优化组织、提高效率的重要条件（任东升，2022：59）。国家翻译制度体系通常由国家或以国家名义制定，由文化认知性、规范性与规制性要素构成，旨在调节、规范或限制翻译行为的规则体系（高玉霞、任东升，2023：152）。国家翻译实践的规范化和标准化，主要包括标准化的翻译术语、有章可循的翻译规范和具体翻译实践的实施三个方面。近年来，国家翻译实践工程做了许多有益的探索与实践。原国家质量监督检验检疫总局、中国国家标准化管理委员会发布《面向翻译的术语编纂》（2003）、《翻译服务译文质量要求（GB/T 19682 – 2005）》、《翻译服务规范（第1部分）：笔译（GB/T 19363.1 – 2008）》、《翻译服务规范（第2部分）：口译（GB/T 19363.2 – 2006）》等多部国家翻译规范与标准。为帮助政府机构、社会组织、传播媒体等在对外交往中规范使用术语，2014年教育部、国家语委牵头组织"中华思想文化术语传播工程"，提炼反映中华文明精神标识和中国核心价值的术语，出版《中华思想文化术语》等术语系列图书，已与"一带一路"沿线国家38个语种开展了国际版权合作。"中国特色话语对外翻译标准化术语库""中国重要政治词汇对外翻译标准化专题库""中国关键词""中国核心词汇"等术语库相继上线。2017年国家标准委、教育部发布《公共服务领域英文译写规范》国家标准，规定了交通、旅游、文化等13个服务领域的英文翻译及书写质量的原则、方法和要求。

推动建立红色文化译介的国家规范与标准是一项重要的任务，需要从多个方面入手，形成一套完整的规范和标准体系，以促进红色文化的译介和传播。一是研究制定红色文化译介的规范和标准，构建多语种术语库及知识库。这包括确定红色文化的基本概念、内涵、外延、表达方式等，以及规范和标准红色文化译介传播的术语、表达方式、语法、拼写等。同济大学外国语学院"红色济译"团队编制建立的"红色文化翻译术语库"、《中国红色革命文化术语英文译写指南》就是其中富有价值的尝试。二是建立红色文化译介的评价体系。这包括评价标准、评价指标、评价方法等，以确保红色文化译介的质量和效果。三是加强对红色文化译介传播的监管和管理。这包括建立监管机构、完善管理制度、加强监管力度等，以确保红色文化译介符合规范和标准，并防止不良信息、错误信息等的传播。四是推广红色文化译介的成果和经验。这包括推广优秀译作、开展红色文化国际交流活动、举办红色文化论坛等，以提高红色文化在国际上的影响力和认知度。

（三）以国家翻译实践优化红色文化对外话语建设

作为提升国际话语权、指引国际舆论走向、保障国家文化和意识形态安全的有力武器，对外话语体系建设愈发为世界各国所重视。红色文化的对外话语实践属于"国家翻译型对外话语实践"，其本质上是一种国家层面的对外言语行为，即国家作为话语主体，运用国家资本，以体系化的言语符号对外传播符合国家利益的红色文化，通过规范化、结构化的对外叙事，达到国家治理战略目标（任东升，2022：152）——提升红色文化的海外影响力，向世界展示一个真实、立体、全面的中国共产党和中国。红色文化的对外传播效果和形象构建取决于语言策略、叙事模式、发行机制、传播体系等多个侧面。做好红色文化对外传播，应当以熔铸古今、汇通中西的新思路、新话语、新机制、新形式，更加精准地展现红色文化的精髓和实质，增强红色文化在目标语国家的传播力。

鉴于"西强我弱"的舆论格局未发生根本性扭转的背景（周舟，2023），首先，红色文化对外话语建设应以国家为实践主体，自上率下，统筹地方政府及各类资源，无论广播、电视、报纸、网站等传统官方媒介，还是微信、微博、抖音、快手等新型社交媒体，都可纳入红色文化国家翻译与传播规划，用于双语或多语发布包括历史事件、人物介绍、文化特色等在内的红色文化相关信息。以政府或官媒为主导，拓展多渠道、多语种的对外传播阵地，探索红色文化多元化国际合作传播模式，打造红色文化传播共同体。红色文化多语种权威译本，可通过双边或多边外交平台、政党对话交流平台、民间人文交流平台、国际智库合作平台等定向发布。加强与国际翻译机构、海外华媒、学术机构的合作或通过分享经验、交流学术成果等方式，促进红色文化的国际传播。2023年3月，中国侨联、江苏省地侨联、南京市雨花台烈士陵园管理局共同主办"红色文化海外传播示范观摩活动"，参与媒体除中央层级外，还有德国《德国侨报》、马来西亚《海内外杂志》等多家海外华文媒体。该活动针对"要发挥海外华媒及国家和地方侨联组织优势，为'红色文化走出去'作出应有贡献"问题达成一致共识。其次，以"融通中外"作为红色文化对外译介传播的原则与标准。融通中外需要从跨越语言、文化障碍，贴近外国受众需求和思维特点等方面做出努力，既要提高翻译中国的实践水平，也要加大对外翻译的研究力度（陈雅静、班晓悦，2023）。准确把握"中国标识"与"国际融通"间的平衡，减少译介中的"文化折扣"，深入理解目标语国文化，找准中外文化的契合点。红色文化是中国共产党领导人民创造的具有中国特色的先进文化，其核心理念包括爱国主义、革命英雄主义、集体主义、倡导和平与安全、反对战争和冲突等。红色文化的精神财富与习近平总书记提出的人类命运共同体理念中和平、发展、公平、正义、民主、自由的全人类共同价值思想高度契合，与联合国宪章的宗旨和原则高度契合，这些精神财富对于获得世界各国人民的心理和情感认同具有重要意义。最后，要利用国际传播领域移动化、社交化、可视化、碎片化的趋势，适时在海外社交媒体如 TikTok、Facebook、Twitter、YouTube 等建立社交媒体账号，通过动漫、微电影、游戏、绘本、手机应用、表情包等，使红色文化形象充分融入外籍受众、外国游客的日常生活之中，引导海外受众成为中国红色故事的传播者。推动红色文化与旅游产业深度融合，打造红色旅游品牌，推出具有地方特色的红色旅游线路，吸引更多外籍游客前来参观。

（四）在国家翻译实践中推动红色文化的创造性转化与创新性发展

巴基斯坦记者亚西尔·哈比卜·汗（Yasir Habib Khan）（2022）在《国民报》撰文称中国一直致力于在全球倡导"软文化外交"，认为文化外交的核心是国家及其人民之间的思想、信息、艺术、语言和其他有形或无形文化方面的交流。文化外交需要依靠文化自身的吸引力和感染力，而并非通过强制手段来发挥影响（吴赟、蒋梦莹，2018）。红色文化是中国革命和建设时期形成的一种独特文化现象，它包含丰富的政治、历史、经济、社会、军事、文化等方面的信息。作为文化外交的分野之一，带有政治标识的红色文化易为目标语受众解读为政治宣传资料，导致文化外交的真正使命和内涵难以实现。面对飞速发展的社会环境和陌生复杂的国外受众，红色文化也应与时俱进，随时代发展而不断生发新的活力，在创造性转化与创新性发展方面有新突破。

红色文化的国家翻译实践首先要坚定红色文化的主体性。习近平总书记在文化传承发展座谈会上的讲话指出，有了文化主体性，就有了文化意义上坚定的自我，文化自信就有了根本依托。其次要发掘红色文化的发展历程、关键人物、特殊场景等对当代社会的影响力，找到红色文化和目标语国家红色文化的结合点，通过关联性、亲和性、融合性的渠道，推进红色文化在当地的传播。比如抗战时期，国际友人在延安和各根据地打破国民党对红色政权的封锁，向国内外传播了中国共产党的方针政策和抗战业绩，他们对中国革命的贡献以及国际主义精神值得重新译介并传扬开去。最后，要深入挖掘红色文化中蕴含的具有世界意义和人类共同价值的叙事，整理提炼出联结当代、能够引起人们共鸣的红色文化精髓，创作出符合时代审美、兼具中国特色和世界意义的红色文化产品。可综合运用多模态媒介、立体化形式宣介红色文化，形象直观地讲好红色故事。利用现代科技手段，打造红色文化数字博物馆、红色文化云展厅等线上平台，开发沉浸式红色演艺曲目、互动式红色游戏等体验性项目，提升红色文化的趣味性和生动性，让红色文化"活起来"。例如，近年上映的红色电影《长津湖》《战狼2》等走出国门，受到国外观众的高度关注，其中，《长津湖》更是取得2021年的全球票房冠军。红色电影在坚持中华民族文化自信和尊重史实的基础上，不断优化创新对外传播的策略与形式，增强了红色文化的国际传播效果。在文化"走出去"过程中坚守中国特色，用好共情传播，凸显红色的底色，这是《长津湖》赢得各方普遍好评的重要原因（辛红娟、孟佳蓉，2021）。此外，应充分考虑各地的文化差异和特点，活用地方特色文化资源，将各地的红色文化遗产、历史事件、英雄人物等元素融入翻译中，以增加译介产品的地方色彩和吸引力。

四 结 语

红色是中国共产党和中华人民共和国最鲜亮的底色。习近平总书记高度重视宣传思想文化工作，要求用好红色资源、传承红色基因。红色文化的译介传播是国家文化软实力建设的重要一环，体现出国家层面翻译实践的特征，可将其视为一种国家翻译的对外文化话语实践。

国家翻译实践中的红色文化译介传播，具有传承红色文化、弘扬民族精神，推动中国文化"走出去"、促进中外文化交流互鉴，提高国家翻译能力、创新国家翻译的对外文化话语体系等重要价值。基于红色文化对外传播现状，本文提出在国家翻译实践中红色文化译介传播的路径：一要统筹制定红色文化译介传播的国家翻译制度与规划，二要建立红色文化译介的国家规范与标准，三要优化红色文化国家翻译的对外传播平台与媒介，四要在国家翻译实践中推动红色文化的创造性转化与创新性发展。国家翻译实践中的红色文化译介传播是一种融国家行为、对外话语实践和传播行为为一体的翻译实践活动，具有整体性、多维性、复杂性的特点。为提升红色文化的对外叙事能力、对外传播能力，增强红色文化的全球影响力，需统筹考虑国家翻译实践理论与红色文化译介传播实践的有机结合，需围绕红色文化对外译介传播的国家翻译实践实施体系、国家翻译实践保障体系、国家翻译实践评价体系、国家翻译实践审查体系等课题继续展开研究。

参考文献

[1] 山东省人民代表大会常务委员会. 山东省红色文化保护传承条例 [EB/OL]. (2020-11) [2023-09-06]. https://flk.npc.gov.cn/detail2.html?ZmY4MDgwODE3NTJiN2Q0MzAxNzZiNjZkODhjNTQzNWE.

[2] 费雯俪. 加强红色文化对外话语建设 [EB/OL]. (2022-12) [2023-10-29]. https://baijiahao.baidu.com/s?id=1752773418522259627&wfr=spider&for=pc.

[3] 任东升, 高玉霞. 国家翻译实践初探 [J]. 中国外语, 2015 (3): 92-97, 103.

[4] 任东升. 国家翻译实践工程初探 [J]. 上海翻译, 2022 (2): 56-60, 95.

[5] 何明星. 毛泽东著作20世纪行销海外留下文化遗产 [N]. 南风窗, 2009-01-21.

[6] 陶友兰. "红色翻译"的对外传播 [N]. 中国社会科学报, 2020-09-11 (3).

[7] 刘瑛. 加快构建中国话语和中国叙事体系 [N]. 光明日报, 2023-06-30 (11).

[8] 高玉霞, 任东升. 作好国家翻译实践规划, 助力国家翻译实践能力提升——任东升教授专访 [J]. 北京第二外国语学院学报, 2023 (2): 149-159.

[9] 杨枫. 基于国家翻译实践的学术话语与国际传播 [N]. 中国社会科学报, 2022-01-21 (6).

[10] 周忠良. 国家翻译治理初探 [J]. 解放军外国语学院学报, 2023 (4): 30-37.

[11] 高玉霞, 任东升. 国家翻译制度: 内涵和类型 [J]. 外语教学, 2022 (5):

85 – 90.

[12] 任东升. 国家翻译的对外话语实践: 内涵和框架 [J]. 上海交通大学学报 (哲学社会科学版), 2022 (1): 33 – 42.

[13] 周舟. 在国际传播中开展舆论反制的若干技巧 [J]. 全媒体探索, 2023 (6): 12 – 14.

[14] 陈雅静, 班晓悦. 文献翻译助力中国形象对外传播 [N]. 中国社会科学报, 2023 – 08 – 18 (2).

[15] 亚西尔·哈比卜·汗. 巴基斯坦媒体: 中国注重软文化外交 [N]. 丁雨晴, 译, 环球时报, 2022 – 12 – 15.

[16] 吴赟, 蒋梦莹. 改革开放以来我国对外翻译规划与国家形象构建 [J]. 中国外语, 2018 (6): 16 – 22.

[17] 辛红娟, 孟佳蓉. 从电影《长津湖》看中国红色文化"走出去" [J]. 对外传播, 2021 (11): 49 – 52.

The Translation and Transmission of Red Culture in State Translation Program: Characteristics, Values, and Paths

Jiao Liangxin, Meng Dongyong

Abstract: Promoting the translation and transmission of red culture is an essential part of innovating international communication and telling China's stories well. Red culture translation and transmission reflect the characteristics of state – level translation program, a form of external cultural discourse practice of state translation, with three attributes of spontaneous, self – interested, and autonomous State Translation Program. Red culture translation and transmission are conducive to shaping China's national image, enhancing national cultural competitiveness and cultural soft power. Red culture translation and transmission have accumulated a certain historical experience. Within the scope of State Translation Program, we can strengthen the path research of red culture translation and transmission in four aspects: overall establishment of state translation system and planning for red culture translation and transmission; formulation of state norms and standards for red culture translation; optimizing red culture external discourse construction through State Translation Program; promoting the creative transformation and innovative development of red culture in State Translation Program.

Keywords: State Translation Program; red culture; translation and transmission; communication; path

朱成梁绘本在日本的译传与接受研究

刘 岩 黄如意[*]

摘 要：朱成梁是当代中国著名的绘本画家。自 1979 年起，其创作的绘本在国内外屡获大奖，部分作品被翻译成英、法、日、韩等语言在海外出版。本文以朱成梁创作的《世界的一天》《团圆》《爷爷的打火匣》《别让太阳掉下来》四部作品的日译本为研究对象，一方面从绘本内容、译者、出版社等角度厘清朱成梁绘本在日本的译传情况；另一方面借助 CiteSpace 软件对アマゾン、絵本ナビ、ブクログ、読書メーター网站上的日本读者评论进行图谱分析，从星级评价、读者评论内容考察朱成梁绘本在日本读者中的接受。通过研究朱成梁绘本在日本的译传与接受，为我国优秀文化以及文学作品以"绘""译"的多模态方式"走出去"提供借鉴。

关键词：朱成梁；绘本创作；译传；接受；CiteSpace

引 言

所谓绘本，儿童文学作家、研究者彭懿认为，是"用图画与文字

---

[*] 刘岩，贵州大学外国语学院副教授，研究方向为中日近代交流史、典籍翻译与传播；黄如意，东华大学外语学院翻译专业 2023 级硕士研究生，研究方向为典籍翻译与传播。
本文系贵州大学人文社会科学青年项目"日本《朝日新闻》涉黔报道整理与研究"（项目编号：GDQN2022011）的阶段性成果。

共同叙述一个完整的故事,是图文合奏,是透过图像和文字这两种媒介在两个不同的层面上交织、互动来讲述故事的一种艺术"(屈聪,2014)。相比于发源地欧洲,中国的绘本产业起步较晚,且最初阶段以引进国外优秀绘本作品为主,直至21世纪中国原创绘本才开始真正焕发生机,发展壮大起来(贾丹,2015)。如今,随着中国文化"走出去"的不断推进,富于中华文化的中国原创绘本的创作及海外出版越来越受到重视,呈现出显著的发展和进步。

朱成梁作为当代中国著名的绘本画家,自1979年开始创作以来,一直笔耕不辍,积极投身于中国原创绘本的创作之中。根据上海少年儿童图书馆的馆藏情况可知,朱成梁绘制的绘本已达70部之多。其优秀绘本不仅斩获第一届丰子恺儿童图画书首奖、BIB金苹果奖等的国内外高水平大奖,更被翻译成英、法、日、韩等多国语言走出国门,畅销海外。其中,以《团圆》为代表的四部绘本作品被翻译成日文,传播至日本。2013年,朱成梁描绘春节风俗的《团圆》一书被日本厚生劳动省社会保障审议会评为特别推荐图书;2022年,其创作的《别让太阳掉下来》一书更是在日本"第13届幼儿园绘本大赏"中荣获大赏。

纵观国内相关研究,目前学界对朱成梁绘本的研究大多停留在绘本本身的创作与剖析上,并未将目光投向其在海外的译传与接受,忽略了"走出去"这一重要课题。中国优秀的绘本作品不仅要在中国的土地上生根发芽,更要将枝叶舒展到世界各地,让其他国家的读者也都能够了解中国的故事,感受中国的文化。因此,本文旨在探究朱成梁绘本在日本的译传与接受,考察朱成梁四部日译绘本译传情况的同时,结合网络星级评价及读者评论内容,探析其在日本读者群中的接受程度,以期推动相关领域的研究进展,为朱成梁绘本乃至中国原创绘本"走出去"提供一定的借鉴和建议。

一 朱成梁绘本在日本的译传

笔者以"朱成梁"为关键词在日本国立国会图书馆官网上进行检

索,结果显示,截至 2022 年 12 月 1 日,朱成梁四部绘本《世界的一天》、《团圆》、《爷爷的打火匣》及《别让太阳掉下来》被翻译成日文并在日本国内出版。如表 1 所示,笔者将这四部日译本译者、出版社等的信息进行了整理与汇总,以便后续对其在日本的译传情况展开具体的分析。其中,特别值得注意的是,《世界的一天》这部绘本由日本绘本大师安野光雅所编,艾瑞·卡尔(美)、林明子(日)等 8 国绘本作家联合绘制而成。以 1 月 1 日为时间线,主要讲述了同一时刻世界上 9 个不同地方的孩子所做的不同的事情。原作为日文撰写,最初于 1986 年出版,朱成梁主要负责其中中国部分的绘画与创作。为比较读者对不同绘本作家的评价,间而考察日本读者对朱成梁及其绘画部分的关注度及看法,笔者特此将这部带有合作性质的绘本也纳入研究对象的范畴之中。图 1 至图 4 按照出版顺序依次排列,分别为朱成梁四部日译绘本的封面图。

表 1 朱成梁绘本作品日译情况一览表

作品名	作者	译名	译者	出版社
《世界的一天》(1986)	安野光雅 编 艾瑞·卡尔、雷蒙·布力格、林明子、强·卡尔比、朱成梁 等8人绘	『まるいちきゅうのまるいちにち』(1986)	—	童話屋
《团圆》(2008)	余丽琼 文 朱成梁 绘	『チュンチエ—中国のおしょうがつ』(2011)	中由美子	光村教育図書
《爷爷的打火匣》(2013)	徐鲁 文 朱成梁 绘	『じいちゃんの火うちばこ』(2016)	黒金祥一	ワールドライブラリー
《别让太阳掉下来》(2018)	郭振媛 文 朱成梁 绘	『おひさまがおちないように』(2021)	青山大樹 広部尚子	ライチブックス

图 1　《世界的一天》封面　　　　图 2　《团圆》封面

图 3　《爷爷的打火匣》封面　　　图 4　《别让太阳掉下来》封面

（一）译传内容——中国故事

纵观朱成梁四部日译绘本的主要内容，可发现中国故事的影子无不贯穿其中。《世界的一天》中，朱成梁绘画的中国部分以红色为基调，运用泥塑这一传统技艺，将小朋友憨态可掬的形象以及放鞭炮、看京剧等新年时热闹的节日氛围描绘得淋漓尽致。《团圆》一书也是如此，在刻画一家团聚浓浓温情的同时，也向读者们展现了诸如贴春联、舞龙灯、包汤圆等的传统习俗。《爷爷的打火匣》则讲述了身为护林员的爷爷与大青山以及小动物之间的感人故事。其中，房屋的设计独具匠心，沿用了山东胶东半岛一带海草房的构造。"那些逐渐在消失的海草房，是画家对已经消失的打火匣的二次叙述。"（朱自强，2013）此外，《别让太阳掉下来》一书以朱红和金色为主色调，在颜色上借鉴了中国传统漆器的用色，小动物的形象则仿照了民间玩具的形象，"牛是陕西的泥玩具，猴子、小鸟、小猫是河南的民间玩具"（朱成梁，2020）。

对于为何在选择图画书故事时更倾向于中国传统文化题材这一问题，朱成梁曾在采访中表示，"因为我比较喜欢我们祖祖辈辈传承下来的民间艺术，我觉得它们是国宝。虽然它们不是宫廷里面那种高级的古董，只是老百姓做的泥玩具、民间剪纸、民间刺绣、民间木版画，等等，但它们天真、生动、可爱、富于童趣"（王欣婷，2019）。朱成梁四部日译绘本作品无论是故事主题，抑或人物形象、配色，都取材于中国传统文化及民间艺术，深深地扎根于广袤的中国大地。作者用画笔刻画一个个生动传神的中国故事，将含有中国元素的"美的种子"播撒到每个孩童的心中。

（二）译传主体——日本译者

译者作为连接作者与读者的重要纽带，在译介过程中发挥着不可忽视的作用。由于《世界的一天》原作用日文撰写，不存在译者一说，故笔者不将此书纳入对译者的分析之中。从表1可知，朱成梁其余三部绘本作品的日译均由日本本土的译者完成。其中，《团圆》一书的译者为中由美子，出生于日本长崎，2011年时任日中儿童文学美术交流中心理事，致力于将中国优秀的儿童文学作品译介到日本。根据亚马逊日本站アマゾン的数据显示，截至2022年12月1日，中由美子共翻译中国文学作品25部，例如《青铜与葵花》、《山羊不吃天堂草》（曹文轩/文）、中日韩和平绘本《迷戏》（姚红/文·图）等。另外，其还撰有著作《中国の儿童文学》，常与树立社、童心社等日本知名出版社合作，影响力较大，与中文结缘甚深。《爷爷的打火匣》一书的译者为黑金祥一，1981年出生于日本京都，毕业于立命馆大学中国文学专业，目前共有译作4部，其中包括《爷爷的打火匣》、《云朵一样的八哥》（白冰/文郁蓉/图）、《中国名记者》、《丰子恺儿童文学全集》；2017年曾获日本侨报社日中翻译学院第五届"翻译新人奖"，是日本翻译界杰出的后起之秀。《别让太阳掉下来》由两名日本译者共同翻译，分别是青山大树和广部尚子。青山大树曾就读于明治大学农学部,毕业之后留学重庆大学学习传媒学,2012 年回国,现在日本电视局从事汉语翻译工作的同时,也作为自由记者活跃于各大周刊杂志及网络媒体。广部尚子毕业于庆应义塾大学文学部,现就职于日本著名广告公司ライトパブリシティ,从事有关广告企划、品牌打造等工作。两人译作均未超过 2 部,并非专门从事中国文学作品翻译的译者。

著名翻译理论家谢天振曾说:"世界上绝大多数的国家和民族接受外来文学和文化主要都是通过本国和本民族翻译家的翻译来实现的,这是文学、文化跨语言、跨国界译介的一条基本规律。"(谢天振,2014)朱成梁三部绘本作品均由日本本民族的译者进行翻译。相较于中国译者,日本译者在一定程度上更能知晓并理解日本读者的喜好和想法,采取更为符合受众阅读心理的翻译策略。同时,凭借译者在本土的知名度,译本的宣传力也能进一步得到扩大。

(三) 译传途径——日本出版社

国外顶尖的出版社不仅拥有广泛的阅读群体,也熟谙当地出版市场需求和运作规律,能够推动中国文学作品迅速进入主流传播渠道(葛珊,2022)。如表 1 所示,朱成梁绘本在译传过程中,无一例外地选择了日本本土的出版社作为主要的译传途径。其中,《世界的一天》出版社为童话屋,1976 年由田中和雄创办,位于日本东京,主要从事儿童书、诗集及相关书籍的出版业务。《团圆》一书的出版社为光村教育图书,设立于 1964 年,是一家专门致力于学校教科书、国语词典及儿童图书(绘本)等编辑与发行的出版社,较为耳熟能详的出版物有《小学新国语辞典》《中日交流标准日本语》等。相较于前两者,《爷爷的打火匣》及《别让太阳掉下来》的出版社创办时间较晚,是较为新兴的两家出版社。《爷爷的打火匣》的出版社为ワールドライブラリー,创建于 1996 年,从 2007 年开始在中国境内的印刷产业。《别让太阳掉下来》的出版社则为ライチブックス,2020 年成立,主要致力于发掘并出版国内外优秀的人文书、实用书及儿童书。ライチブックスのライチ一词取自英文的 Lychee，义为荔枝。由于荔枝树经历百年仍旧能够茁壮生长，故该社名也包含为社会及人民带来幸运与繁荣的美好愿景。这四个出版社虽然在创办时长、影响力上存在一定差异，但它们皆位于东京地带，消费水平较高，市场广阔，受众广泛。

综合而言，朱成梁绘本在日本的译传情况总体呈现出"中国作者创作，日本译者翻译，日本出版社出版"的特点。朱成梁绘本讲述了一个个富有中国味道的中国故事，展现了极为丰富的中国传统文化及民间艺术形式。在海外译介过程中，通过日本本土的译者及出版社进一步走出国门，传播至日本。这一中日合作、联合助力中国绘本"走出去"的模式值得深思和借鉴。

二 朱成梁绘本日译本的读者接受

（一）网络星级评价

"普通受众是文学翻译作品的主要目标读者群，只有真正能被广大普通读者受众所接受并产生积极影响，中国当代文学在'走出去'的过程中才算达到了译介效果。"（廖紫微、毕文君，2016）笔者以朱成梁四部日译本为调查对象，收集整理了截至 2022 年 12 月 1 日アマゾン、絵本ナビ、ブクログ网站上的星级信息，汇总如表 2 所示。通过数据分析探究日本普通读者对朱成梁绘本作品的满意度，进而考察朱成梁绘本在日本的接受情况如何。

其中，アマゾン为素有"世界最大网上书店"之称的亚马逊的日本站，絵本ナビ为日本最大的绘本信息评论网站，ブクログ则为日本最大的书评社交平台。三者均具备对作品进行打分的功能，且都是日本知名的书评网站，因而数据具有一定的代表性和说服力。

如表 2 所示，在评价人数方面，合作绘本《世界的一天》最多，达 80 人，占总人数的 64%。其次是《团圆》（33 人）和《别让太阳掉下来》（10 人）。《爷爷的打火匣》一书评价人数最少，仅有 2 人，受众之少可见一斑。虽然仅有 2 人对此书进行了打分，但无一例外都打出了五星的高分，反映出读者对《爷爷的打火匣》一书较高的满意度。此外，除了极少部分人给《世界的一天》和《团圆》打了一星，大多数读者均给其余三部绘本打了三星及以上的好评。根据统计的数据来看，打五星评价的读者数最多，占比 44%。其次分别是三星（29%）和四星（24%）。一星（2%）和二星（1%）则位居末位。

表 2　日本相关网站上朱成梁日译绘本星级评价

作品名	五星	四星	三星	二星	一星	评价人数
《世界的一天》	35（44%）	17（21%）	25（31%）	1（1%）	2（3%）	80
《团圆》	15（45%）	8（24%）	9（27%）	—	1（3%）	33
《爷爷的打火匣》	2（100%）	—	—	—	—	2
《别让太阳掉下来》	3（30%）	5（50%）	2（20%）	—	—	10
合计	55（44%）	30（24%）	36（29%）	1（1%）	3（2%）	125

注：本表采用四舍五入保留整数的计算方式，因此《团圆》一书的星级占比总和不及 100%。

综合而言，朱成梁绘本网络星级评价整体较高，基本维持在三星及以上，但存在评价人数少、受众有限的问题。"作品如果不和读者见面，不被读者发现，它就不是真正的作品，而只是印着文字符号的纸张。"（周来祥、戴孝军，2011）文学作品的海外传播不仅是"译出去"的问题，更要"走进去"，甚至"融进去"。如何加强宣传力度，让更多读者能够接触并阅读朱成梁绘本，是当下一个亟待思考和解决的课题。

（二）日本读者评论

在接受美学中，文学作品的价值最终由读者来实现，读者才是真正作品的仲裁人（周来祥、戴孝军，2011）。随着社交媒体的不断普及，近年来，越来越多的人选择在网络上公开自己对文学作品的看法及评价。为了全面考察朱成梁绘本作品在日本的接受情况，笔者认为有必要分析读者评论的具体内容，了解读者对于朱成梁绘本真实的所思所想。

由于アマゾン、絵本ナビ、ブクログ网站上的书评数量较少，用作分析样本缺乏说服力，笔者在原来三个网站书评的基础之上，另外添加了日本最大的读书社区——読書メーター上的书评作为分析对象。经统计，截至 2022 年 12 月 1 日，アマゾン、絵本ナビ、ブクログ、読書メーター网站上有关朱成梁四部日译绘本的书评共计 184 条。为更直观地呈现读者评论的核心和重点，笔者对这 184 条书评逐一进行关键词提取，汇总成 Excel，然后借助信息可视化软件 CiteSpace 绘制成关键词的科学知识图谱（见图 5），再结合读者评论的具体文本内容，从整体出发，把握读者关注的焦点及评价的倾向。

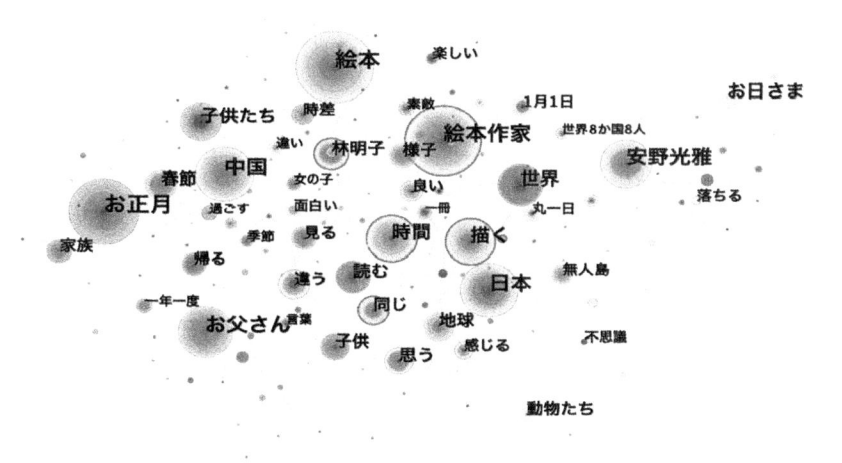

图 5　读者评论主要关键词

如图 5 所示，节点和字号的大小与关键词的使用频率成正比，节点圆的直径越大，字号越大，就代表着该关键词使用的频率越高。此外，彼此存在关联性的节点之间有曲线相连（张继光，2016）。特别注意的是，图 5 中出现的关键词的使用频次均在 10 次及以上。若将图中的高频词进行分类，可大致分成绘本作家、阅读群体、绘本内容、绘本评价四个方面。

1. 绘本作家

图5中涉及绘本作家的高频词具体有"絵本作家""安野光雅""林明子"。纵观全部读者评论,可发现这些关键词基本出现在《世界的一天》一书的书评当中。《世界的一天》为合作绘本,由安野光雅主编,8国画家联合绘制而成。由图5可知,包括编者在内的9名作家当中,读者们最关注的是安野光雅,其次是林明子。结合具体评论内容来看,有诸如以下表现:

安野先生的想象力实在太厉害了,不得不惊讶于这部发行于1986年的绘本竟然具有如此的先进性。[磨磨卡卡(momogaga),2021]

林明子画的日本正月的风景很棒。特别是孩子们睡觉时踢被子的画面!不愧是林明子啊,真佩服她的观察力。[天狗猿(てんぐざるさん),2009]

大概是因为认识吧,果然还是林明子画的画最好。[美依可可(みいここさん),2013]

由此可见,大多数读者对安野光雅和林明子给予了高度的评价,赞美之词溢于言表。然而,谈及朱成梁及其绘画的中国部分的读者却寥寥无几。

"除了安野光雅以外,我知道的只有艾瑞·卡尔",更有名为威尼斯(ヴェネツィア)的读者这样评论道。相较于其他绘本作家,朱成梁既没有日本本土作家特有的亲近感,也缺乏像安野光雅、艾瑞·卡尔一样享誉全球的国际知名度,日本读者对其关注度甚少。如何让更多海外读者了解这名优秀的绘本作家,而不只是孤芳自赏,是创作者及出版界今后需要努力的一大方向。

2. 阅读群体

涉及绘本阅读群体的高频词主要有"子供"一词。

3岁,这在中国农村是很普通的现象。虽然毛毛是和妈妈待在一起生活的,但一般情况是父母亲都外出打工,把孩子留给祖父母来看养。正因为如此,这本书才会如此深入孩子们的内心。[乡巴佬 烦恼的母山羊(かっぺこと悩める母山羊),2013]

在第一届丰子恺儿童图画书奖上，著名儿童文学专家兼评审朱自强评价称"《团圆》是一部将民族传统文化、现代生活内涵、儿童心理情感恰切而有机地融为一体，具有人情味、历史感、艺术美的感人作品"（朱自强，2009）。《团圆》一书着眼于留守儿童这一社会问题，从小女孩毛毛的视角出发，表达了对外出打工的父亲的思念和对一家团聚的向往。这种温暖的亲情可以跨越语言和文化的屏障，浸润到每个渴望陪伴的孩子的心中。

与以儿童为本位的《团圆》一书相反，有读者认为，合作绘本《世界的一天》对于孩童来讲，有些难以阅读和理解。

能感受到世界很大，有时差，生活着各种各样的人。但对于儿子而言，文章好像有些难以理解和阅读，中途读到一半就读不下去了。[春日（はるのひよりさん），2011]

这是一部由日本海内外知名作家联合绘制的绘本，很豪华。适合过年的时候边读边聊天，慢悠悠地眺望、感受这个世界。虽然是幼儿园老师推荐的书，但对于小孩子来说，会不会有点难，有些无聊呢？[玛丽（mari），2014]

由于《世界的一天》一书涉及时差、南北半球季节不同等科学知识，对于尚未进行系统学习的孩子来说，确实存在一定难度。绘本作为"儿童的人生第一本书"（冯晓艳，2018），主要阅读对象是儿童。因此，作者在创作绘本时，有必要充分掌握儿童的喜好，考虑儿童的审美观及理解、接受的能力，从儿童视角出发，制作出儿童本位的绘本。

3. 绘本内容

描述绘本内容的高频词中分别有有关《世界的一天》的"時間""世界""子供たち""地球""同じ"等；有关《团圆》的"お正月""お父さん""中国""春節""家族"等；有关《别让太阳掉下来》的"お日さま""動物たち"等词。

这是一部基于作者自身经历编写而成的作品，只有过年父亲才回家，刻画了一幅温暖的全家福以及节日氛围下热闹的小镇模样。同时也接触到了像把幸运硬币包进汤圆那样的中国文化。[路易（Rioさん），

2020]

小动物们对太阳落山感到惋惜,想尽办法不让太阳"掉下去"。绘本讲述了这么一个简单的小故事。[绵羊(ひつじ),2022]

4. 绘本评价

按照使用频率依次排列,读者经常用"良い""楽しい""面白い""素敵"等词对朱成梁绘本进行高度的赞美,普遍呈现好评的倾向:

背景的红色和太阳、树木的金色形成鲜明的反差,十分美丽。小动物们的颜色也很鲜艳。一个接一个尝试不让太阳掉下来的小动物的努力劲儿颇为有趣。[顺其自然(ケ・セラ・セラ),2022]

一家三口缩成一个"川"字睡觉的幸福画面实在太温暖了,不禁流下了眼泪。[押寿司(押し寿司さん),2019]

再有,对于《爷爷的打火匣》一书的翻译质量,一位名为慕斯卷(ムスカンさん)的读者这样极力称赞道:

真想知道原本的中文是怎样的啊。日文的翻译实在太温暖,太棒了!

"绘本的翻译绝非易事,想要制作出一部好的译本,不仅要体味原作构筑的世界,同时也有必要综合考虑对象年龄、图文关系以及译语的特征。"(朱舒曼,2021)绘本翻译是绘本内容的还原,更是绘本创作的再加工、再创新,尤其面对年纪尚小、心智尚未成熟的孩童这一特殊群体,如何翻译到位,传达原作精髓的同时,也让孩童们能够易于理解和喜爱这一问题尤为重要。从书评来看,《爷爷的打火匣》的确做到了这一点。

三 结　语

本文以朱成梁创作的《世界的一天》《团圆》《爷爷的打火匣》《别让太阳掉下来》四部作品的日译本为研究对象,探究了朱成梁绘本在日本译传与接受的情况。基于译传内容、译传主体、译传途径分析得出，朱成梁绘本呈现有"中国作者创作，日本译者翻译，日本出版社出版"的译传特点。通过梳理网络星级评价及读者评论后发现，超过95%的日本读者打出了3星及以上的好评，多数读者对绘本当中"儿童本位"的创作理念、生动传神的内容及高质量给予高度的肯定。得益于作者、译者、出版社的共同努力，朱成梁绘本在日本表现不俗，译传与接受情况总体较好。此外，针对朱成梁绘本在日本译介与接受过程中存在的不足，限于篇幅，本文并未作深入的调查和分析。未来的研究方向可以围绕这些问题点，探析背后的原因，提出相应的解决对策。

儿童是一个民族的希望，也是世界的未来。绘本作为儿童启蒙读物，它的海外译介与传播就尤为重要。朱成梁日译绘本的成功传播，不仅能为中国其他外译绘本"走出去"树立积极的典范，同时图文并茂、"绘""译"结合的多模态形式亦可为中国优秀传统文化及文学作品的对外输出与传播提供新的发展思路与方法维度。

参考文献

[1] 冯晓艳. 中国原创儿童绘本"走出去"探析［J］. 出版广角，2018（21）：67－69.

[2] 葛珊. 复杂性思维视域下中国当代文学对外译介模式研究——基于 Goodreads 和 Amazon 网站数据统计分析［J］. 湖北第二师范学院学报，2022，39（9）：87－94.

[3] 贾丹. 新世纪中国原创图画书"中国味道"研究［D］. 青岛：中国海洋大学，2015.

[4] 廖紫微，毕文君. 从译介效果看当代文学的对外传播——以刘慈欣《三体》系列为例［J］. 对外传播，2016（7）：63－65.

[5] 屈聪. 重绘中华文化：新世纪以来的中国传统题材儿童图画书［D］. 上海：上海师范大学，2014.

[6] 王欣婷. 朱成梁——用图画书展开一场视觉的"寻乡"之旅［EB/OL］.（2019－05－09）［2023－03－24］. http://www.iread.org.cn/news/detail416.html.

[7] 谢天振. 中国文学走出去：问题与实质［J］. 中国比较文学，2014（1）：1－10.

[8] 张继光. 国内语料库翻译学研究状况的科学知识图谱分析（1993—2014）[J]. 上海翻译, 2016（3）：34-40, 61, 93.

[9] 周来祥, 戴孝军. 走向读者——接受美学的理论渊源及其独特贡献 [J]. 贵州社会科学, 2011（8）：4-16.

[10] 朱成梁. 拙朴天真　自在童年 [J]. 全国新书目, 2020（1）：38-39.

[11] 朱舒曼. 絵本の翻訳における日中の言語表現の違い—認知言語学の視点から—[J]. 目白大学人文学研究, 2021（17）：63-74.

[12] 朱自强. 第一届丰子恺儿童图画书奖最佳儿童图画书首奖评审评语 [EB/OL]. （2009-07-22）[2023-03-24]. https://fengzikaibookaward.org/zh/product/a-new-years-reunion/? doing_wp_cron = 1679549148.32960391044616699 21875.

[13] 朱自强. 永远的打火匣——《爷爷的打火匣》评介 [J]. 中国出版, 2013（11）：69.

Dissemination and Reception of Zhu Chengliang's Picture Books in Japan

Liu Yan, Huang Ruyi

Abstract：Zhu Chengliang is a famous picture book painter in contemporary China. Since 1979, the picture books he created have won numerous awards both at home and abroad. What's more, some of his works have even been translated into foreign languages like English, French, Japanese and Korean for overseas publication. Until now, four picture books of Zhu Chengliang have been translated into Japanese, including *All in a Day*, *Reunion*, *Grandpa's Tinder Box* and *Don't Let the Sun Fall*. On the one hand, this paper tries to figure out the dissemination of these four Japanese versions from the perspectives of picture book content, translator and publisher.

On the other hand, this paper also aims to analyse relevant book reviews on Amazon, EhonNavi, Booklog and Bookmeter with the help of CiteSpace, as well as to explore the status of Zhu Chengliang's reception among Japanese readers via star ratings and book reviews. By studying the dissemination and reception of Zhu Chengliang's picture books in Japan, so as to provide reference for the "going out" of Chinese excellent culture as well as literature in the form of multi - modal with a combination of picture and translation.

Keywords: Zhu Chengliang; picture book creation; dissemination; reception; CiteSpace

翻译研究

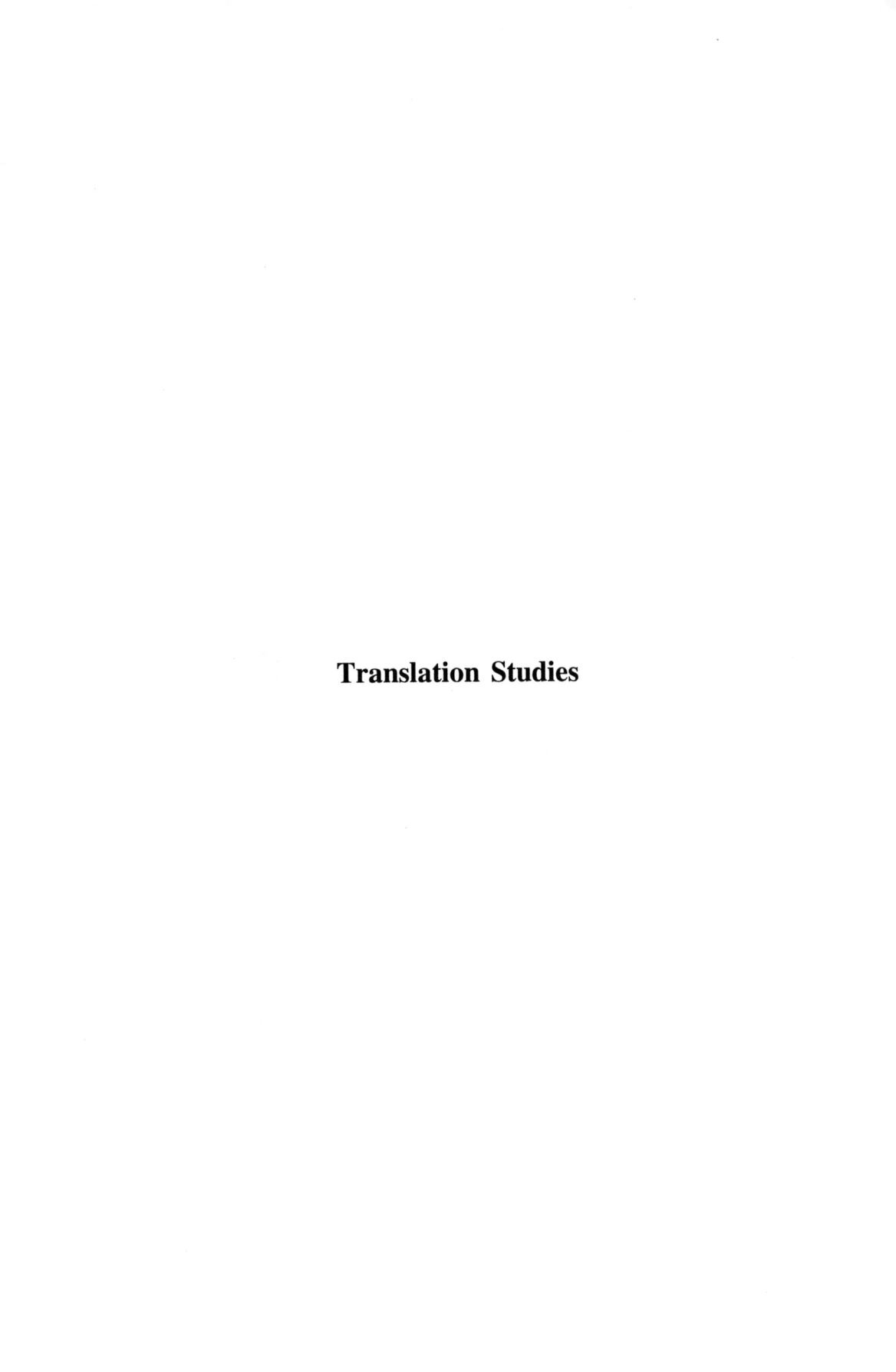

Translation Studies

行动者网络理论视角下的口译行为者"符号性"研究

石铭玮[*]

摘　要：社会翻译学视域下的口译研究关注行为者的符号性，强调译语生成过程中口译行为者的社会化行为及其动因，该视域下的拉图尔行动者网络理论凸显口译网络中各行为者的能动交互。在多重因素构成的口译网络中，口译行为者的话语交际受到"符号性"特征的制约，进而影响口译网络的完整性和动态感。本文结合行动者网络理论，聚焦两会口译活动中各方的能动性符号交互与转换，探讨由此对口译网络的影响，以期为口译活动范畴的理论建构和口译活动中各行为者的"符号性"研究提供更多思路和启发。

关键词：社会翻译学；行动者网络理论；口译行为者；符号交互；符号转换

引　言

口译是一种专业性很强的语言交际活动，需要译员开展复杂的即时性处理，研究者们已对此展开了大量的探索（石铭玮，2020：16）。口

---

[*] 石铭玮，成都文理学院外国语学院讲师，硕士，研究方向为口译理论与实践。本文系四川省高等教育人才培养质量和教学改革一般项目（JG2021－1470）和成都文理学院校级科研重点项目（WLZD2023010）的阶段性成果。

译研究强大的学科包容性也促使研究者们不断延伸，将口译研究与认知科学、神经科学和社会学等学科交叉融合，通过运用其理念和方法，推动口译研究不再局限于语言层面，而是朝着难度更大、覆盖面更广的方向发展，相关研究成果也日渐丰硕。从特性来看，由于口译较笔译具有更强的现场交际性，故口译研究不能仅从文本出发，还要配合与交际相关的社会文化因素，深入挖掘口译参与者与口译活动（王炎强，2020：13）。如此一来，社会学理论与口译研究的结合，便成了近年来学术界关注较多的一个领域。此外，由于语言符号是翻译的基础，且符号性是翻译的首要属性（傅敬民、张开植，2022：120），故在社会性的口译活动中，语言的转换仍然以符号的转换为手段。

社会翻译学（Socio-translation Studies）是翻译学的一个分支，是翻译学科中运用社会学方法的翻译研究领域（王洪涛、王小文，2019：21）。尽管社会翻译学在西方兴起至今仅二十余年，但该视域下的社会实践理论（Theory of Social Practice）和行动者网络理论（Actor-Network Theory）已被中国学者广泛运用，发展十分迅速。在社会翻译学视域下，译者行为研究关注翻译的社会性，聚焦译作生成过程中译者的社会化行为及其动因（王军平，2020：53）。在社会翻译学的发展过程中，翻译行为者（translation agents）研究已成为关注焦点，但对于翻译行为者的内涵，学界尚无定论（邵璐、于金权，2021：91）。结合本文内容，何为口译行为者（interpreting agents），它仅仅指代口译员吗？同时，在多重因素构成的社会性口译网中，口译行为者如何交际，其交际行为有何特点？这自然值得研究者们进一步思考。

行为（act）是人在生活中表现出来的具体方式，在社会文化、物质条件、价值观念的影响下，不同的个体或群体会在内外部环境因素的刺激下呈现不同的能动反应和行为特征（周领顺，2013：74）。在《翻译行为者》（Agents of Translation）一书中，米尔顿（Milton）和班迪亚（Bandia，2009：1）曾表示，译者、赞助人、企业和期刊等有助于改变文化和语言政策的行为者皆可称为翻译行为者。结合本文两会口译案例的特点，源语输出者、译员和译语接收者是交际过程中的实际参与方,而政府力量、传播媒体(媒介)等具备较大社会和文化影响力的口译相关方皆可称为某次口译活动的实际行为者;而且,参与方与相关方之间并非彼此孤立,而是相互制衡协作。所以,在口译活动(尤其是两会口译)这一动态的社会翻译实践形式中,对口译行为者的研究不应局限于对译员角色的考查,还应包含对作为社会代理人的其他参与者角色的探索。

社会学中的"符号互动"(symbolic interactionism)学派,主张符号互动主义研究,考查谁是说话者、谁是受众、有哪些社会制约因素、使用了何种媒介、当时的语境如何等。在符号互动理论中,符号指语言、非言语行为、物品、场景等所有"携带意义的感知"(赵毅衡,2012:1),而意义的产生是社会系统构建、生物系统激活和物理系统交换的结果(Halliday,2003:2)。在本文涉及的两会口译案例中,社会系统以社会文化为主流为其构建政策理念;生物系统通过副语言体现口译行为者的生理特征;物理系统则以贯彻政策理念为准则、体现生理特征为形式,将口译活动中的物质基础(交际的动机、动态和结果等)转化为不同的话语意义。如此一来,两会口译中的社会符号(政策理念)、副语言符号(生理体现)、物质符号(交际基础)和意义符号(话语意义)也随之形成,多重符号有序展开,在口译网中形成连贯完整的口译交互模式。

本文结合社会翻译学中的行动者网络理论,以两会口译案例为研究对象,进一步厘清各行为者(参与方与相关方)在社会性口译活动中的话语关系,并探索口译过程的交互范畴和口译行为者的"符号性"转换特征,以期为社会学与口译研究的融合发展提供更多思路和借鉴。

一 符号交互形成口译网络

社会翻译学的概念最早由詹姆斯·霍姆斯(James Holmes)提出,是在皮埃尔·布迪厄(Pierre Bourdieu)的社会实践理论(Theory of

Social Practice)、布鲁诺·拉图尔（Bruno Latour）的行动者网络理论（Actor-Network Theory）等社会学理论基础上逐步构建的理论体系，包含"行动者社会学"（sociology of agents）、"翻译过程社会学"（sociology of translation process）和"文化产品社会学"（sociology of the cultural product）三个分支（刘红华、刘毓容，2020：126）。其中，布迪厄社会实践理论的"场域（field）—惯习（habitus）—资本（capital）"概念常用于研究译者行为，关注个体的人生轨迹及其社会地位，但在分析译者行为时存在动因片面性和集体塑造决定性的局限；拉图尔的行动者网络理论倾向于研究"行动中的科学"，认为行动者的能动性是行动者之间的互动结果，更加注重翻译产品的生产过程；后者可弥补前者之不足，为翻译现象的研究提供一个更加科学客观的视角。

口译是一种以译员为重要支撑点的动态有声翻译活动，翻译是特定社会语境中的人类交际活动，是以社会性译者为主体的社会行为，受制于特定的社会条件，反映语言交往中的抵抗与融合，同时也在社会系统中具有自洽逻辑（傅敬民、张开植，2022：124）。在社会性的口译活动中，译员在特定主题的约束下传递观念、在口译行为者某种动机的驱使下促进交际产生话语意义，其间还须克服或协调口译行为者生理体现（面部表情、声音波动、心理压力）所带来的影响，故在高强度、快节奏的口译交互过程中，这一系列涉及观念、动机、生理、话语和意义的符号交互过程便会得到更大程度的彰显。从口译研究的有效性视角出发，对口译过程和口译产品的探究可对上述符号予以挖掘；从社会翻译学的理论概念来看，社会实践理论强调口译行为者的个体符号性特征、行动者网络理论剖析因个体符号交互而形成的动态过程，对二者的运用范畴进行区分可帮助研究者对口译过程和口译产品开展更全面的研究。

在以下两会口译案例中，笔者将区分社会实践理论和行动者网络理论的概念差异，同时在口译过程与口译产品互为因果性的基础上，把握口译行为者的符号性特征，以此分析口译活动中的符号交互，并对口译过程的交互范畴予以定义。①

例1：（选自2019年两会答记者问）

记者：我想提问关于减税降费的问题，近些年来，中国政府出台了一系列关于减税降费的举措，但是不少企业家反映企业税费依然很重，今年政府出台了更大规模的减税降费，我想请问您认为企业能得到实惠吗？

译员：My question is about the tax and fee cuts. In the past several years, the Chinese Government took a series of steps to reduce taxes and fees. However, some business people still feel that the tax and fee burden levied on businesses is still quite heavy. This year, the government plans deeper tax and fee cuts. I would like to ask, if you think real benefits can be truly delivered to companies?

发言人：近几年我们利用营改增等载体，**每年**给企业减税降费**一万亿元**。今年下决心进行更大规模的减税降费，把增值税和单位社保缴费降下来，降出**两万亿元的红利**。我们**4月1号**要减增值税，**5月1号**减社保费。我们下决心，把制造业等占增值税**50%**的主要行业，其增值税率明显降低**3**个百分点，把建筑业等部分行业降**1**个百分点。对基本养老保险单位缴费率，我们还明确，从原规定的**20%**降到**16%**。

译员：In the past several years, we worked to replace business tax with value-added tax. For the past three years, **for the average annual basis**, we cut taxes by **1 trillion RMB Yuan**. This year, we plan to engage in larger-scale tax and fee cuts. We will make reductions in the VAT and localities' social insurance contributions. This will be delivering a dividend of **2 trillion RMB Yuan** to our companies. The plan is to cut the VAT rates starting from **April 1ˢᵗ**, the localities' social insurance contributions from **May 1ˢᵗ**. The VAT rate for manufacturing will be cut by **3 percent**,

---

① 文中案例选自2019—2022年两会答记者问的真实视频，由笔者转写而成。

manufacturing sector accounts for **50 percent** of all VAT. For construction sector, the VAT rate will be cut by **1 percent**. Moreover, we will cut the localities' social insurance contribution rate from the current **20 percent** to **16 percent**.

社会翻译学视域下的符号性研究不仅关注文本（text），而且更注重翻译的社会性功能（social function），即在分析译作本身的基础上研究其在目标语社会文化环境中的语境（context），从而更好地透视符号在该社会语境下的互动情况。语境分为文化语境（cultural context）和情景语境（situational context），前者提供社会动态、政策理念和应对举措，后者提供话语范围、话语基调和话语方式（见图1）。

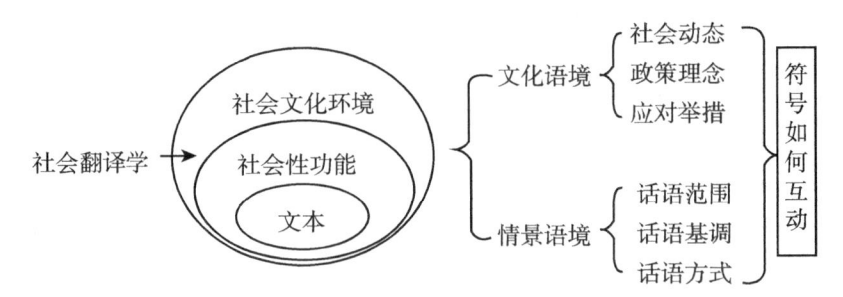

图1　社会翻译学视域下的符号研究

两会口译是会议口译的形式之一，口译期间，符号交互的过程是口译行为者交际的过程，也是口译活动持续开展和口译产品得以呈现的基础；反之，口译产品的呈现和口译活动的开展则需要口译行为者的持续交际，从而促使各类符号有序交互。在案例（1）中，记者提问中体现出的社会压力容易引发一定的情景反应，这种包含社会文化语境和特定情景语境的过程，不仅易使发言人和观众的思维及情绪产生波动，还会对译员的口译行为产生影响。从符号互动的视角来看，译员在此期间的行为会受到提问中社会符号（因社会动态产生的社会压力）、回答中社会符号（政策举措）和副语言符号（语气、表情等情景特征）的影响，但最终仍然需要在保持物质符号（交际顺畅）的前提下产出一定的意义符号（话语意义）（见图2）。

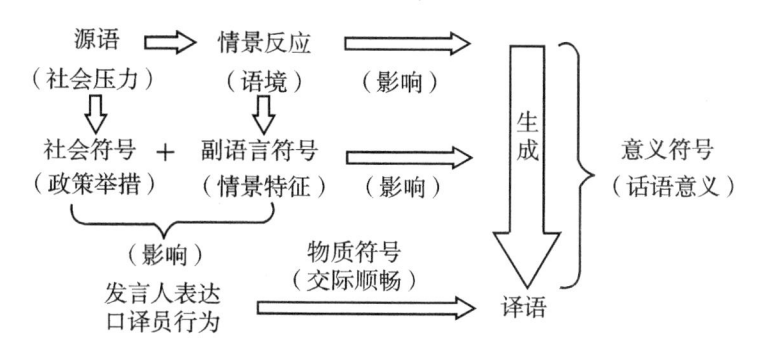

```
源语          情景反应
（社会压力）  （语境）      （影响）
                                        生
社会符号  +   副语言符号                 成    意义符号
（政策举措）  （情景特征）  （影响）           （话语意义）

       （影响）      物质符号
                    （交际顺畅）
发言人表达                              译语
口译员行为
```

图2　口译过程中的符号互动

在此条件下，若结合社会翻译学中的社会实践理论，采用"场域"一词对上述特征的交互范围予以限定，则可以明确各行为者的所属范畴和交互空间。然而，如此一来，该场域便会涉及"资本"和"惯习"概念，若以此为基准分析各口译行为者的交互情况，则容易以"发言人具备信息资本"和"译员需要保持中立惯习"为出发点，虽也有道理，但忽视了上图2中源语的社会符号（社会压力、政策举措）和副语言符号（情景特征），也会相继影响发言人的表达重点和译员行为的强调内容。相比之下，社会翻译学中行动者网络理论的运用范畴则更加广泛，它能描述发言人和译员这两类口译行为者在口译过程中的能动程度，并以此来探究社会符号（社会压力、政策举措）、副语言符号（情景特征）和物质符号（持续交际）以及其他行为者在口译期间对译员行为和译语呈现的影响情况。

在以上案例的回答中，源语体现的社会压力（社会符号）会影响发言人的表达内容和译员的即时处理，其他行为者（如观众）的情景反应（副语言符号）也是本次话轮的动态体现，这两类明显的符号特征影响着本轮交际能否持续进行。从回答内容和译语效果来看，发言人和译员均发挥了较大程度的主观能动性，不仅陈述"减税降费"的诸多政策举措，还对"数字"所代表的"金额"、"日期"和"比例"概念进行了语气强调，从而有效调控了提问中因"税收压力"而产生的社会压力，在保证意义符号（交际意义）的基础上维持着口译活动的稳定和持续（见图3）。

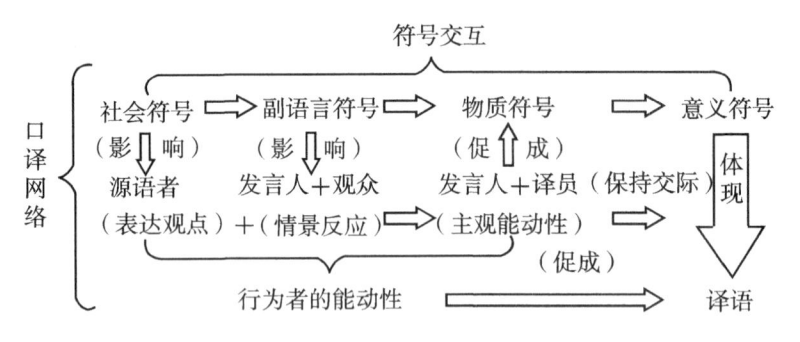

```
                          符号交互
        ┌─────────────────────────────────────────┐
  口译 │ 社会符号 ⇒ 副语言符号 ⇒ 物质符号 ⇒ 意义符号│
  网络 │（影⇩响） （影⇩响） （促⇧成）      体
        │ 源语者   发言人+观众   发言人+译员（保持交际）现
        │（表达观点）+（情景反应）⇒（主观能动性）⇒    ⇩
        │                         （促成）         译语
        └───────────行为者的能动性──────────⇒
```

图3　口译网络中行为者的符号交互

在这种贯穿了"社会符号—副语言符号—物质符号—意义符号"的口译行为中，与其将口译过程限定为某一"场域"，将"资本"和"惯习"分别视为影响发言人回答和译员行为的主导因素，不如将某次话轮视作一个口译"网络"。在此关系网中，口译行为者不仅会受到各类符号的影响，更会在发言人和译员的能动作用下，通过符号交互来实现沟通的顺畅与和谐，这便是行动者网络理论在分析口译过程时所体现出的全面性和动态感。

二　符号转换影响口译网络

以上是口译交际过程中社会符号、副语言符号、物质符号和意义符号在口译行为者能动作用下所形成的交互网络，在该网络中，口译过程一开始便受到社会文化因素的制约，进而影响各行为者的符号性特征，并在能动的交互过程中形成最终的口译产品。因此，译语不只是译员的能动性结果，从一定程度上讲，它也是其他行为者的思维体现。所以，口译研究的对象也是"嵌入源语和目的语文化符号网络中的文本"（Bassnett & Lefevere，1990：12）。如果将"译语生成"置于社会文化符号的实际语境，就会发现，包括译员在内的口译行为者（参与方、相关方）均以符号生成的形式参与整个口译过程，并且通过能动交互发挥着各自的影响力，从而维持着口译网络的持续性和完整性。反之，在多位行为者均有参与的口译网络中，符号的体现形式也就自然不一而足。

前文提到，语言符号是翻译的基础且符号性是翻译的首要属性，在多位行为者以多重符号开展交互的口译网络中，符号的转换性也是口译的本质属性，而社会属性、语言属性、文化属性、交流属性、创造属性和认知心理属性等则是口译的衍生属性（冯全功，2022：11）。由于两会口译需要通过跨媒介手段进行观念阐释，故本文中所涉及的口译案例也属于通过语言开展跨文化交流的跨媒介网络行为，在此过程中受到多种物质条件的影响，除了音频、视频的传播方式，还可能会以文字、图片等技术形式影响其他行为者在视觉和听觉上的信息接收，同时也可能因价值观念的差异创造性地衍生出一定的话语意义。值得一提的是，这种在口译网络中传播社会符号，却因受限于物质符号而产生意义符号的转换形式，也可能会左右其他行为者的认知及心理状态，进而影响口译网络的覆盖和话语信息的传播。

在以下两会口译案例中，笔者以口译网络为交互范畴，在紧扣口译属性的基础上，通过对时事性话语交互的分析，阐释在口译行为者接收信息的过程中，话语的符号转换对口译网络和信息传播的影响。

例2：（选自2020年两会答记者问）

记者：讲到今年的经济工作，我们听到频率最高的词就是"稳"和"保"，请问总理，这和市场化改革之间是什么关系？政府在这方面的重点是什么？

译员：When we talk about the economic work agenda for the Chinese Government this year, the words we have heard most frequently are stability and protections. What are their relations with market – oriented reforms and what will be the priorities of reform this year?

例3：（选自2021年两会答记者问）

记者：您一致强调要重视市场主体的活力，要发挥市场主体在经济发展中的重要作用。现在，有一些市场主体反映，在生产经营、公平竞争、市场环境等方面还有一些困难和障碍。我想请问，今年政府将出台哪些改革措施来助企纾困，让他们焕发新的生机？

译员：Mr Premier, you have repeatedly stressed the importance of energizing market entities and leveraging their key role in driving economic development. At present, some market entities are still faced with difficulties or obstacles in terms of their production and operations, in fair competition and market environment. What reform measures will the government take this year to alleviate their difficulties and revitalize those market entities?

例4：（选自2022年两会答记者问）

记者：这些年，我国的营商环境虽然有所改善，市场主体大幅增长，企业办事也方便了许多，但各种干扰仍然不少。请问，政府在优化营商环境，激发市场活力和创造力方面，还会做哪些努力？

译员：Recent years have seen steady improvement in China's business climate, as evidenced by surged market entities and easier access to government services for enterprises. However, various disturbances to business activity still exist. What more will the government do to improve the business climate and better stimulate market vitality and public creativity?

社会翻译学的兴起在很大程度上说明了翻译的社会属性，而两会口译是在特定的社会和历史时期通过多家媒体以多样形式进行全球转播，故在这一具备特殊影响力的口译网络中，多位行为者所发挥的能动作用和网络本身复杂且多维的构成因素，均使得话题的社会性、语言性、文化性、交流性、创造性和历史性特征被加倍放大，并通过译员的即时处理和广泛的媒介传播，以听觉或视觉的形式被其他行为者所接收，其间难以避免地会遭遇异语符号理解和表达障碍的情况，导致语言符号转换和阐释出现不畅（蓝红军，2015：29）（见图4）。

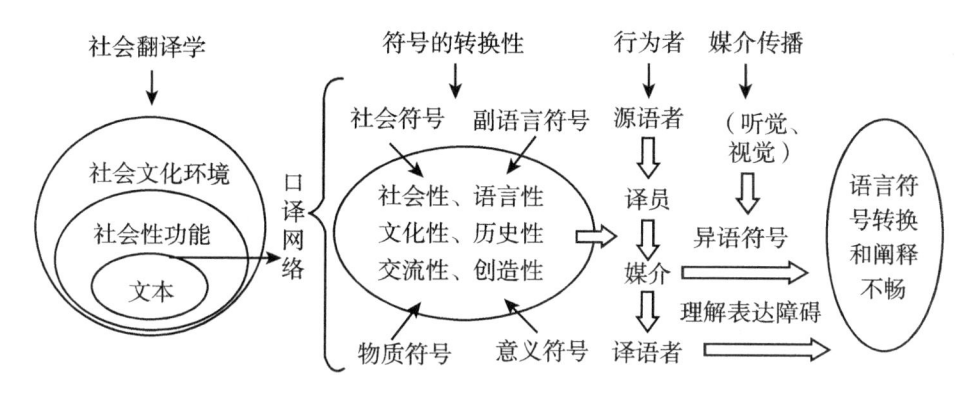

图 4

具体而言，案例（2）、（3）和（4）的共同主题"市场改革"、"公平竞争"和"营商环境"均在特定时期呈现出"历史性"和"社会性"的特点，加之其对国外市场和国内市场均会产生影响的"全球性"和"区域性"特征，使本文中的口译网络行为不仅会以跨媒介的形式传播，同时还涉及跨地域和跨时空的传播情况。然而，当下的媒介传播技术尽管已在覆盖面上取得前所未有的突破，但仍然存在因政府力量、社会制度或群体观念等因素而无法覆盖所有受众，以及相关的文字、图片、音频、视频等传播内容不够完整的情况（见图5）。

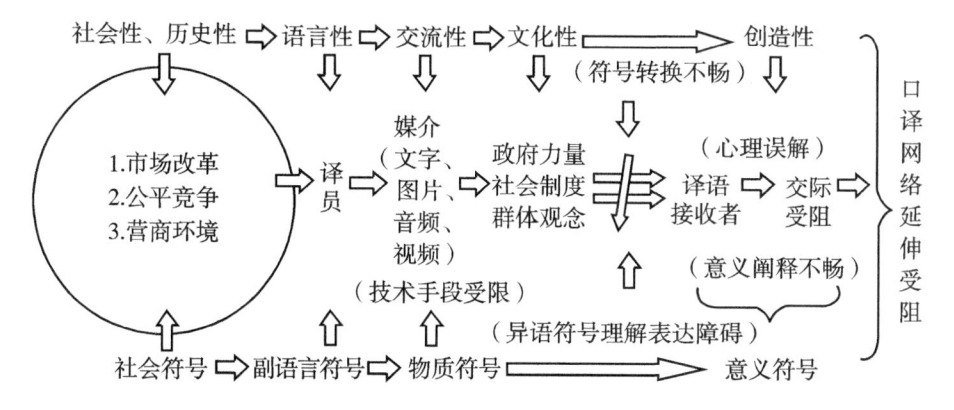

图 5

在此情形下，只要口译网络无法充分延伸，无论从何种角度对该话题的不同提问进行解答，口译内容均难以通过各类媒介以符号转换的形式传播，其他行为者也因此无法获取提问信息和相应解答，容易导致译语接收者难以充分理解"市场改革的目的、举措及成效"，甚至对其产生心理误解，这当然不利于话语符号在口译交互过程中的有序转换，理想的交际意义更是难以实现。从行动者网络理论的"能动性"视角出发，该类通过译语传播某种社会文化观念、因传播方式及范围受限而导致传播受阻，甚至出现衍生性话语意义的现象，并非因为译员这一口译行为者未成功实现语言嫁接，而是源于在多种因素构成且多方相互制衡的口译网络中，相关方（传播媒介和政府力量）未充分发挥能动作用，导致其与参与方（源语输出者、译员和译语接收者）的符号转换不畅，影响了整个口译网络的全面性，进而阻碍了各行为者之间的动态语言交际。

三　结　　语

本文在社会翻译学的理论视域下，结合行动者网络理论凸显行为者能动性的特点，探讨在由多重因素构成且制约的口译网络中，各行为者在开展话语交际时所体现出的"符号性"特征和符号的交互与转换。

本文认为，在口译活动中，口译行为者的"符号性"特征会因即时的口译行为而加倍放大，同时在译员的沟通协调下有序交互形成口译网络。在口译过程中，符号的转换既会促使口译网络产生话语意义，也可能因条件所限致使行为者无法充分发挥自身能动性，导致口译网络难以持续延伸，进而影响话语意义的有效传达。

当然，文中提及符号转换时所遭遇的种种局限，是源自政府力量、社会制度、群体观念、技术本身，还是其他的"社会性"或"文化性"因素？对此，笔者将结合行动者网络理论的相关要素另文探讨。

参考文献

[1] 冯全功. 翻译是一种符号转换活动——关于翻译定义的若干思考 [J]. 中国翻译, 2022（3）：11-19.

[2] 傅敬民, 张开植. 翻译的社会性与社会的翻译性 [J]. 解放军外国语学院学报, 2022（1）：120-127.

[3] 蓝红军. 何为翻译：定义翻译的第三维思考 [J]. 中国翻译, 2015（3）：25-30.

[4] 刘红华, 刘毓容. 社会实践与行动者网络理论相结合的社会翻译学新视角 [J]. 湖南工业大学学报（社会科学版）, 2020（4）：125-132.

[5] 邵璐, 于金权. 走出沉寂的贾平凹作品英译：社会学视域下的翻译行为者角色 [J]. 当代外语研究, 2021（6）：89-97.

[6] 石铭玮. 口译场域中的惯习、资本和话语权力——以2019年两会答记者问为例 [J]. 翻译研究与教学, 2020（2）：15-21.

[7] 王洪涛, 王小文. 社会翻译学的学科基础理论与未来发展空间——Yves Gambier 教授访谈录 [J]. 上海翻译, 2019（2）：21-26.

[8] 王军平. 社会翻译学视域下"文化性"与"社会性"因素之间的困惑——译者行为研究关键概念刍议 [J]. 外语教学理论与实践, 2020（3）：53-58.

[9] 王炎强. 口译社会学研究：回顾与评述 [J]. 上海翻译, 2020（4）：12-17.

[10] 赵毅衡. 符号学 [M]. 南京：南京大学出版社, 2012.

[11] 周领顺. 译者行为批评中的"翻译行为"和"译者行为" [J]. 外语研究, 2013（6）：72-76.

[12] BASSNETT S, A LEFEVERE（eds）. Translation, History and Culture [M]. London & Newyork：Pinter, 1990.

[13] HALLIDAY, M. A. K. On Language and Linguistics [M]. London/New York：Continuum, 2003.

[14] MILTON J, BANDIA. P. Agents of Translation [M]. Amsterdam：John Benjamins, 2009.

A Research on the Symbols of Interpreting Agents from the Perspective of Actor – Network Theory

Shi Mingwei

Abstract: The Interpreting Research from the perspective of Actor – Network Theory focuses on the symbols of agents, with more emphases on the socialized acts and the related motivations of interpreting agents in the process of target language generation. Under this perspective, the Latour's Actor – Network Theory highlights the dynamic interaction of all agents in the Interpreting Network. Inside the Interpreting Network constituted by multiple factors, interpreting agents are constrained by featured symbols during their discourse interactions, influencing the complexity and dynamism of the network itself. With the application of Actor – Network Theory, this paper analyzes the dynamic interacting and converting of symbols of agents in the interpreting activities of the Two Sessions and probes into their impact on the interpreting network, hoping to enlighten the researchers more on the theoretical construction of the interpreting scope and the studies on symbols of agents in the interpreting activities.

Keywords: Socio – translation Studies; Actor – Network Theory; interpreting agents; symbolic interacting; symbolic converting

激活经典：《论语》多模态翻译中的叙事研究

王 梅 王福祥 夏 云*

摘 要：儒学经典作为儒家思想的文本记忆媒介，是向世界传播中国传统文化的重要载体。蔡志忠典籍漫画采用民间叙事手法，是对中国传统文化的"创造性转化，创新性发展"，是"以我为主，中外合作"的中国文化对外翻译的典范，深受海外普通读者青睐。鉴于此，本文通过探究多模态翻译中的语图关系，从文字叙事、图像叙事和图文叙事三方面分析蔡志忠《论语》漫画中的叙事方式，以期丰富中国文化典籍的多模态翻译研究路径，为中华传统文化的对外传播提供借鉴。

关键词：《论语》漫画；多模态翻译；文字叙事；图像叙事；图文叙事

引 言

读图时代，意义的构建与传播不再局限于语言文字，被称为"纸上电影"的漫画、绘本等多模态图像叙事文本，在对外传播中的价值

---

* 王梅，曲阜师范大学公共外语教学部讲师，主要研究方向为多模态典籍翻译、语料库翻译学；王福祥（通讯作者），曲阜师范大学公共外语教学部教授、硕士生导师，主要研究方向为典籍翻译、认知翻译；夏云，曲阜师范大学翻译学院教授、博士生导师，主要研究方向为语料库翻译学、典籍翻译。
本文系 2023 年度打造山东对外开放新高地专项课题（项目编号：23CKFJ10）和山东省外事研究与发展智库课题的阶段性成果。

近年来不断凸显（吴赟、牟宜武，2022）。漫画是一个叙事空间，图片和文字均能传递意义，共同演绎故事（Celotti，2014）。漫画作为典型的视觉文本，是由图像构建的微型景观社会，而图像作为传播意义的重要载体，具有强大的叙事功能。漫画是一种最具亲和力、最容易触动读者思想的武器（蔡志忠，1986）。漫画翻译作为一种多模态翻译，颠覆了"以语言为中心"的传统翻译观念，是跨模态、跨媒介翻译的典型案例。"经典传播，图像先行。"以多格分镜式画面叙事为主要特点的现代故事漫画，不啻目前比较适宜与对外传播结合、实现"软传播"的重要载体（王焱，2020）。蔡志忠国学漫画面向海外普通受众，将经典通俗化、普适化和娱乐化，是普通读者寻求理解高深传统文化的敲门砖。蔡志忠的国学漫画翻译作品深受海外普通读者青睐（刘雪芹，2010；王建开，2014），创下了在全球44个国家销售4000万册的奇迹。其中，蔡志忠的《论语》漫画翻译（以下简称"蔡译《论语》"）属于民间叙事，民间叙事可弱化"自我"与"他者"的对立关系，在更广泛的共享意义空间寻求"同感共情"，弥补中国国际话语权的落差（徐明华、李虹，2022）。

蔡译《论语》由蔡志忠进行跨模态翻译，美国东密歇根大学历史与哲学系教授柏啸虎（Brian Bruya）英译，哈佛大学东亚语言与文化学院教授普鸣（Michael Puett）作序，2018年由普林斯顿大学出版社出版。蔡志忠等将传统哲学思想从单一的文字模态转化为文字与图像相结合的多模态漫画，实现了《论语》多模态对外译介。基于此，本文通过分析多模态翻译中的语图关系，探究蔡译《论语》中的文字叙事、图像叙事和图文叙事，以期解码儒家典籍漫画叙事的具体路径，为中华文化的海外传播提供借鉴。

一　漫画中的语图关系

模态作为表意符号，是一种社会塑造和文化赋予的资源（Kress，2009），包括语言、图像、颜色等多种形式。多模态是指使用多种表意符号去构建符号产品或设计某种事件,体现了不同符号之间的互动,包括互相加强、互相补充、按等级排序等多种互动组合方式(Kress,2001;潘韩婷,2022)。多模态不是一种理论,而是一个研究领域,可应用于漫画、广告、网站、教科书等多个领域(Borodo,2015)。

漫画作为多模态媒介的典型代表,是语言与图像相结合的"语图一体"作品。如果将漫画的图像抽离,只将一段段的文字呈现在读者面前,那么古籍漫画也会失去视觉的吸引力,减少读者的阅读兴趣;而如果将漫画的文字抽离,单单从画面来阅读古籍漫画,我们无法获取古籍表达的形而上的思想。古籍漫画的图像能弥补文字信息低清晰度的缺憾,而内容却依附于古籍文字表达(安然,2013)。

漫画中的语言和图像相辅相成,互相补充,共同叙事。图像传递的信息较为清晰明确,其作用于一种感官,接受者不需要动员更多的感官和联想活动就能够理解,而语言则相对模糊,容易刺激人的想象力,引起联想和思考。漫画中的语言和图像虽均为表情达意、传递信息的媒介,但通常语言多为图像的补充说明,是意义构建的辅助手段,辅助说明图像无法表达的信息。然而,典籍文本的语言主导着漫画图像的内容,而非服务性的补充说明,因为典籍漫画的对外译介是为了通过具象化、通俗化、娱乐化的形式传递典籍原文信息。同时,图像的具象性、生动性也为语言的理解提供具体化、鲜活性的阐释。以漫画为媒介的国学经典作品运用了"视觉性改写"(visual adaptation)的编译手段(李志凌,2023),将图像和语言文字结合起来,图文并茂,雅俗共赏,弥补了单方面在审美、认知、互动等方面的缺陷。与单一语言符号相比,这种直观、具象、生动的多模态符号可以极大地提高读者的认知与接受程度。

漫画中的语言和图像存在对立统一关系。语言和图像作为最重要的表意符号,图像时代的到来促使强势的图像符号僭越和替代语言符号(赵宪章,2022)。语言是时间媒介,图像是空间媒介,但由语言构成的文本总想突破自身的限制,欲达到某种空间化的效果;图像也总想在空间中去表现时间和运动,欲在画幅中达到叙事的目的(龙迪勇,

2008)。"以图为主,以文为辅"的漫画正是图像对语言生存空间侵占的一种具体表现。从某种程度上来说,图像时代的今天,读者正从纸质"阅读"过渡到图像"观看"。图像从幕后走向前台,并与语言"共享"表意于文本之内、"共生"结构于文本的语境之中,语图符号同义复指,共同完成既充满张力又能互相融汇的审美意指过程(鲍远福,2015)。

由此可见,语言和图像作为两种表意符号,均具有描写现实意义的功能,两者之间既相辅相成,又对立统一。语言和图像只有互相交流,有机结合,互补共生,才能促进视觉文本的意义构建和可持续发展。

二 蔡译《论语》的多模态翻译特征

蔡志忠国学漫画通过视觉符号宣传中国传统文化思想,获得受众的认可,进而促使其去原书中寻求更深层次的解读。基于以上翻译和创作思想,蔡译《论语》融合了语言和图像两种不同符号,使其交互参与意义的构建,属于多模态静态文本。《论语》的多模态翻译,是语内翻译、语际翻译和符际翻译(Jakobson,2000)三者之间的融合,是其获得异域生命力、以新姿态向世界展现我国独特民族文化景观的重要手段(张小曼、卞珍香,2021)。典籍翻译属于二度翻译,而典籍漫画翻译则需进行三次翻译,即典籍文本到白话文的语内翻译、白话文到英语的语际翻译和文字到图像的符际翻译。

蔡译《论语》为中英双语节译本,正文部分选取 146 条箴言,每条箴言被改编为一个小故事,大多通过四格漫画呈现。每条箴言占一页,通过数字标示其在原典中的章目出处,通过标题概括箴言的要义。数字和标题位于漫画格的左上角,下面为不同神态、动作的孔子及其弟子的画像。漫画部分以图为主,以文为辅,通过简洁、流畅的线条勾勒出孔子及其弟子言行。图像中所呈现的毛笔、书籍、书案、松、竹、龙、马车、阁等物品富有中国传统文化气息,人物的着装和头饰典雅大气,展示了中国古代服饰文化,呈现不同人物的身份地位和性格特点,体现古人参加上朝、祭礼等不同活动的着装要求。孔子及其弟子大多席地而坐，其对话多以大自然为背景，体现了"天人合一"的儒家思想。此外，图像大片留白，突出人物形象，简洁清新。图像的配文为箴言的英文翻译，多位于图像空白处，以陈述、对话或旁白形式呈现，所呈现的文字多为短句或断句。书中繁体中文由右及左竖版排列，呈现古代汉语的书写特色。此外，蔡译《论语》提供了丰富的副文本，共计 85 页，占全书 36.5% 的篇幅。副文本部分主要提供孔子生活时代的地图、翻译目的、孔子思想的发展脉络、漫画家及其作品介绍、孔子生前死后的情景、孔门弟子个人简介以及汉字发音检索表，全面、生动地呈现孔子的鲜活形象，满足异域读者对东方圣人孔子的阅读需求，拉近孔子和海外普通受众之间的距离。

蔡译《论语》作为多模态译本，将时间媒介的语言和空间媒介的图像有机结合起来，充分发挥语言的理性化与图像的具象化特点，使蔡译《论语》实现时空交错、抽象和具体相结合的立体化呈现。与普通的纯文本译本相比，蔡志忠国学漫画译本的视觉维度可将读者直接带入中国古人的世界（Tsai & Bruya, 2018）。从某种程度上来说，蔡译《论语》为异域读者提供了多角度、立体化的文化叙事。

三　蔡译《论语》中的叙事

语言和图像作为漫画翻译中的主要叙事符号，语言属于时间、线性叙事，图像属于空间、立体叙事。漫画中的语言和图像既相辅相成，又对立统一。以下从文字叙事、图像叙事和图文叙事三个方面进行阐释。

（一）文字叙事

文字的内容和形式均为意义构建的媒介。蔡译《论语》通过文字所表达的意义（文字内容）以及其排版布局（文字形式）来叙事。蔡译《论语》的正文本部分的文字叙事主要为《论语》箴言的英译，辅以对话、旁白等解释性的语言；副文本部分提供了翻译意图、图书特色、出版信息和翻译策略等信息。除此之外，蔡译《论语》还通过文字的排版布局进行叙事。

1. 通过文字所构建的意义叙事

蔡译《论语》正文中的文字主要为《论语》箴言的英文翻译，其叙事空间受原典限制，叙事可发挥空间较小，主要通过旁白、对话等深度翻译（thick translation）进行叙事。深度翻译由美国翻译学者奎迈·安东尼·阿皮亚（Kwame Anthony Appiah）首次提出，指的是"通过注释和随附的注解，将文本置于丰富的文化和语言的语境中进行翻译"（Appiah，1993）。以下以《论语·阳货》第25条箴言为例。

例1：子曰："唯女子与小人为难养也，近之则不孙，远之则怨。"

英译：Maidservants and attendants are the most difficult people to deal with. If you get too close, they lose their reserve; and if you distance yourself, they complain.

除了文字直译外，译者还通过增加主仆之间的对话（Master：Go away! Go away! You're so impolite! Servants：Hmph! It looks like our master just doesn't care for our company!）进行深度翻译，增加文字叙事的张力。

除此之外，译者还将源语中的陈述句转化为对话形式进行翻译，画面感强，使读者身临其境，易于参与叙事构建中。以《论语·阳货》第20条箴言为例。

例2：孺悲欲见孔子，孔子辞以疾。将命者出户，取瑟而歌，使之闻之。

英译：The official Ru Bei went to see Confucius... Tell him I'm ill and can't see him. Yes, Sir. Sorry, but my teacher is ill and can't see you.

Then Confucius took up his zither, singing and playing loud enough for Ru Bei to hear. That scoundrel! He isn't sick at all.

"孺悲欲见孔子"（The official Ru Bei went to see Confucius …）通过"official"表明孺悲的身份地位。"孔子辞以疾"英译为孔子与弟子之间的对话（Confucius：Tell him I'm ill and can't see him. Student：Yes, Sir.）以及弟子对孺悲的转述（Sorry, but my teacher is ill and can't see you.）"将命者出户"意为"传话的人刚出门"，此处并未译为英文，而是通过图像进行阐释。孔子"取瑟而歌"（Then Confucius took up his zither, singing and playing loud enough for Ru Bei to hear.）。源语只提及"使之闻之"（for Ru Bei to hear），而译文还增加了孺悲的旁白（That scoundrel! He isn't sick at all.）。

此外，蔡译《论语》还通过副文本中的文字进行叙事。蔡译《论语》副文本包括扉页介绍、知名学者普鸣写的前言、译者翻译简介、目录和汉字发音检索表。扉页为"图说经典系列丛书"的图书特色。前言部分阐述译者初衷和意图，即以古人的思想智慧抚慰当今读者的心灵。简介部分阐述了百家争鸣、孔子思想和儒学核心词的英译，以及漫画家的生平和创作源流。目录则呈现节选《论语》中的章节。发音索引让目标语读者体验到异域文化的声响。

由此可见，文字作为时间媒介，其线性叙事的缺憾，在正文部分主要通过旁白、对话等深度翻译来弥补，在副文本中，通过翻译意图、图书特色、出版信息和翻译策略等补充性的文字介绍，扩大其叙事的空间维度。

2. 通过文字排版布局叙事

蔡译《论语》通过文字颜色、单词大小写、字体大小、排版风格等排版布局进行叙事。封面是书籍内容的视觉凝练，反映作者、设计者和读者的文化建构，可改变读者的阅读方式（Sonzogni, 2011）。其中，颜色也是重要的意义资源（韩子满、黄广哲，2023）。蔡译《论语》的封面文字"Analects"为绿色，且字号大于"Confucius"，突出图书重点阐释孔子言论而非孔子本人。在西方文化中，绿色代表运气、自然、春天等含义，使用绿色既迎合西方受众的喜好，又可传播儒家的生态观。封面省略译者名字，是译者刻意为之，旨在弱化蔡译《论语》的翻译作品属性，避免读者产生偏见（谭晓丽、Brian Bruya，2021）。封面"C. C. Tsai"的字体较大，颜色为黑色，与灰色的"Michael Puett"相比更醒目，凸显漫画家蔡志忠，这不仅与蔡译《论语》的漫画属性相契合，而且使读者更易克服畏难心理。此外，封面还提及普鸣的著作《正道：中国哲学家论好的生活》(The Path)，该书现已列入《纽约时报》"国际畅销书"行列。这样的封面设计，突出了知名学者普鸣，可增强图书的文化内涵和影响力。译者在封面的隐身，却在内页封面和图书简介中得以信息补偿，特别在简介部分，用较大篇幅介绍孔子思想的源流、儒学核心词的翻译策略等。此外，蔡译《论语》的封面与正文的英文部分主要采用大写形式，可凸显箴言的重要性。为了使目标语读者深切感受异域文化的文字书写，书中还提供了繁体汉字，文字由右及左竖版排列，尽显古代汉语的书写魅力。由此可见，文字的颜色、单词大小写等外在形式也是重要的叙事手段。

（二）图像叙事

蔡译《论语》的图像主要包括人、物、景等要素。通过人物大小、位置、衣着、动作、神态等进行人像叙事，通过日、月、云、鸽子、松、竹、龙、山、马车、鹤、亭、廊、阁等的选择与呈现进行物象叙事。以下从人像叙事与物象叙事两个方面进行阐释。

1. 人像叙事

典籍漫画中，人物是最重要的视觉信息成分（黄广哲、朱琳，2018）。蔡译《论语》用简约流畅的线条、睿智凝练的诠释，刻画了诸多表情各异、有血有肉的人物形象。既有和蔼可亲的孔子，又有粗野的农夫、孤傲的学究、贪婪的赌徒、威严的帝王、曼妙的少女等鲜明角色。

蔡译《论语》主要通过外貌特征、神情样态、衣着服饰、身形体态、位置隐喻等方式进行人像叙事。蔡译《论语》的图像叙事生动有趣，以孔子形象的塑造为例。蔡译《论语》通过外貌特征、神情样态刻画孔子的鲜活形象，通过方位隐喻诠释孔子的权威地位。在蔡译《论语》中，孔子不是严肃、刻板、迂腐的老学究，而是长眉大耳、胡须及腰、头戴礼帽、身穿长袍的智者，他时而和颜悦色、时而严肃无比，全书用活泼、鲜亮、有趣的漫画形式塑造出和蔼可亲、有血有肉的智者形象。此外，漫画中的孔子身形一般比周围的人高大，且多处于中心或其他醒目位置，通过这些位置隐喻，可让读者真切感受到孔子的权威地位，易于接受《论语》的权威性语旨（强晓，2014）。此外，蔡志忠喜欢大片留白，仅在角落增加点缀，使得人物背景简洁明快，更易于读者聚焦人物的神情、动作等。

2. 物象叙事

蔡译《论语》中有诸多中国特色的物象，如书、松、竹、蕉、龙、山、马车、鹤、亭、廊、阁等，且每篇故事的叙事背景多为户外，将人置于自然环境中，体现了"天人合一"的儒家思想。孔子对自然心存敬畏，从天地万物中体悟人生哲理，常通过观测"云""星"等天象来预测吉凶和比附人事。以下以《论语·卫灵公》中的第12条箴言和《论语·为政》中的第1条箴言为例。

例3：子曰："人无远虑，必有近忧。"

英译：Confucius said: failing to think far into the future leads to trouble near at hand.

这条箴言由两格漫画构成（见图1）。图一：远处矗立着黑白两座高山，山上有白色的祥云环绕，孔子席地而坐，书本摆放眼前，闭目思索，手指轻敲脑门，两只鸽子朝他飞来，动静结合，共同演绎一幅祥和宁静的画面。图二：祥云化作庞大的乌云，朝孔子逼近。祥云的庞大与孔子的矮小形象形成鲜明对比，让读者感受到巨大的压迫感。此外,孔子挥汗狂奔,甚至无暇顾及书本,其仓皇而逃的窘态跃然纸上。两图通过云的大小和颜色变化,形成鲜明的对比。"祥云"是中国文化的重要符号,其图案源于我国古代的云纹,体现了古人对云的敬畏之情,象征祥瑞的云气,表示人们对吉祥、美好、幸福生活的向往。"乌云"为遮天蔽日之"云",有迎风乘云之宏势,象征人们对未来的恐惧等。由此可见,代表中国文化的符号也具有强大的叙事功能。

图 1　Thinking Ahead(Tsai,2018:155)

例 4:子曰:"为政以德,譬如北辰,居其所而众星共之。"

英译:Confucius said: if you govern with virtue, the people will happily follow you — like the North Star, which rests quietly in its place while the other stars revolve around it.

激活经典:《论语》多模态翻译中的叙事研究

释义:以道德原则治理国家,就像北极星一样,所有的星辰都会围绕着它。

这条箴言由三格漫画构成(见图2)。图一:为政者背后的图腾彰显其高贵身份,他大手一挥展现其统治地位。图二:为政者位居高位,庄严权威。下面是身形微小的子民,从他们微笑的表情可见其对为政者的敬仰爱戴。图三:孔子带一众弟子观天象,从众星围绕北斗星的自然现象,教导弟子要向北斗星学习,才能受到满天星辰的拱卫。显然,孔子将为政者与子民的关系比作北斗星与其周围的众星,是观天象以比附人事的典型案例。

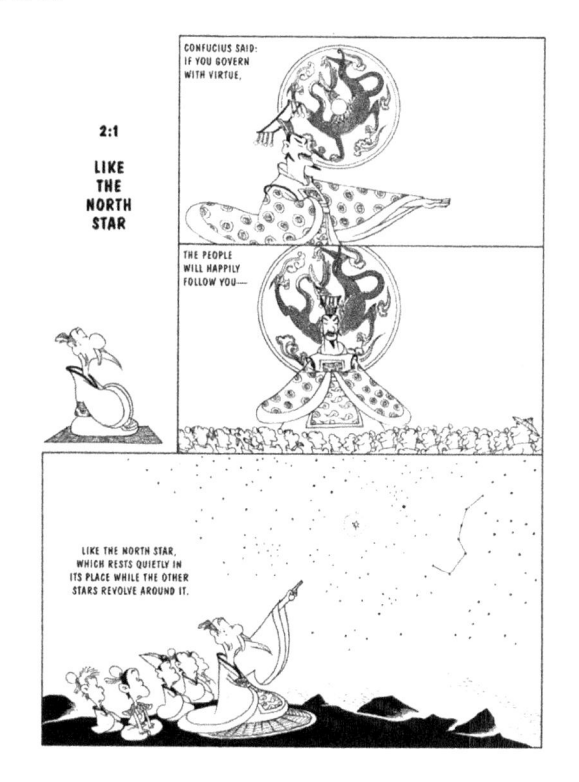

图2　Like the North Star(Tsai,2018:54)

由此可见,图像作为空间叙事媒介,人像叙事主要通过人物神情、动作等来表现时间和运动,物象叙事主要通过物品大小、颜色、距离等变化来呈现动态效果。

（三）图文叙事

蔡译《论语》中的语言与图像既相辅相成又对立统一。蔡译《论语》采用图文互动，共同叙事。语言主导着漫画图像的内容，而图像则为语言提供具体化、鲜活性的阐释。以下以《论语·八佾》第 15 条箴言为例。

例 5：子入太庙，每事问。或曰："孰谓鄹人之子知礼乎？入太庙，每事问。"子闻之，曰："是礼也。"

英译：One day when Confucius went to the Duke of Zhou Temple to assist in the sacrifice, he inquired about every aspect of the ceremony. Who said this guy from Zou knows anything about ceremony? He comes to a sacrifice here and asks about every little thing. Asking questions, being humble rather than presuming to know everything—this is proper ceremony!

释义：太庙是中国古代供奉开国君主灵位的宗庙，周公是鲁国最早受封的君主，故这里指周公的庙。"鄹"为鲁国地名（今山东省曲阜市东南），孔子的父亲做过鄹大夫，故"鄹人之子"指的是孔子。

"礼"在《论语》中共出现 74 次，是孔子思想的核心概念之一。朱熹从"天理""节文""天理之节文"三个维度诠释《论语》中的"礼"（郭园兰，2021）。"礼"在这里是指尊祖、祭祖活动中的仪节规范。

蔡译《论语》由四格漫画构成，标题"Proper Ceremony"说明故事的概要（见图 3）。图一：孔子朝气势恢宏的太庙走去，他双手合十，微微鞠躬以表示对周公的尊敬。门口的巨大石狮，庙里的硕大神像、祭幡杆，门口双手合十的祭拜之人，无不彰显太庙祭祀的庄严肃穆。图二：以牛、羊、猪等作为祭祀贡品，众人焚香祭拜，直观地呈现祭祀太祖的恢宏场面。孔子虚心请教他人并作揖致谢。配文采用叙事口吻，即"One day when Confucius went to the Duke of Zhou Temple to assist in the

激活经典:《论语》多模态翻译中的叙事研究

sacrifice, he inquired about every aspect of the ceremony."通过增译孔子去太庙的原因(to assist in the sacrifice),来帮助读者理解孔子在太庙祭祀中的角色。图一和图二呈现了具体的祭祀用品、祭祀礼仪,将"礼"这一抽象概念通过图像叙事直观生动地呈现在读者面前。图三:远处孔子正向他人请教,近处的两人则对孔子到处向人请教的行为质疑:"Who said the guy from Zou knows anything about ceremony? He comes to a sacrifice here and asks about every little thing."此处"鄹人之子"并未牵涉他人直译为"鄹大夫叔梁纥的儿子",而是用简化为"the guy from Zou",当面议论孔子加上冠词"the",可以避免产生误解,亦可减少读者的阅读阻力。图四:孔子走向质疑他的两个人,说:"Asking questions, being humble rather than presuming to know everything — This is proper ceremony!"此处也采用增译手法,将其向人请教的原因阐释为虚心求教,不失为一种礼。孔子这种"每事问"的行为体现了他谦逊好学的

图 3 Proper Ceremony(Tsai,2018:65)

态度和对祭祀大典的诚敬谨慎，这契合孔子倡导的"知之为知之，不知为不知，是知也"的实事求是、不耻下问、科学求知等思想。由此可见，对于"礼"这样的高文化语境词，图像与语言互动，图文叙事更加鲜活、生动、有趣。

然而，语言与图像也存在对立统一关系。在蔡译《论语》中，语言和图像形式不一致的现象也偶有存在。尽管语言和图像在形式上存在差异，两者却共同阐释同一概念。以下以《论语·卫灵公》第 29 条箴言为例（见图 4）。

图 4　The Dao（Tsai,2018：161）

例 6：子曰："人能弘道，非道弘人。"

英译：Confucius said: it is people who exalt the Way, not the Way that exalts people.

在该箴言中,"道"的图文翻译存在差异。图一:孔子端坐中心位置传道授业,周围是认真听讲的一众弟子。孔子娓娓道来:"It is people who exalt the Way …",弟子们随声附和"Way""Way""Way",更有弟子伏案记录。图二:孔子位于画面上方,下面是大大的汉字"道",旁边的小字"Way"进一步为目标语读者阐释汉字"道"的含义。孔子告诫弟子们:"Not the Way that exalts people."一众弟子则作揖感谢老师孔子的教诲。由此可见,箴言的英译和图像中众弟子的旁白均使用"Way"表示"道",而标题则是"The Dao",两者存在对立关系。标题采用异化翻译策略,音译为"The Dao",既简洁明了,又不会误导读者。正文部分则通过"Way"对"道"进行解释说明。虽然"Way"的解释不够全面,但考虑到读者对象是普通读者,文本类型是漫画,需要突出趣味性和简洁性,因此采用归化翻译策略进行意译。因此,"道"的图文翻译可以说在对立中最终实现统一。

四 结 语

本文在分析多模态翻译中的语图关系和蔡译《论语》的多模态翻译特征基础上,探讨蔡译《论语》中的图文叙事方式。研究发现,第一,文字叙事不仅可以通过文字所构建的意义进行叙事,还可通过文字颜色、单词大小写、字体大小等排版布局进行叙事。文字叙事在正文部分主要通过旁白、对话等深度翻译,或将陈述句转化为对话形式进行叙事,而副文本中的文字叙事则更为多样化,前言、介绍、目录和汉字发音检索表等都是文字叙事的具体表现。第二,蔡译《论语》通过外貌特征、神情样态等来刻画人物的鲜活形象,通过衣着风格、方位隐喻来诠释人物的身份地位。除了通过图像展现中国传统器物,蔡译《论语》还展现了孔子从天地万物中体悟人生哲理,孔子通过观测"云""星"等天象来预测吉凶和比附人事。第三,蔡译《论语》中的语言和图像相辅相成,互动互补,共同叙事。语言丰富了图像叙事中的哲学思想内涵，图像则增加了语言叙事中的空间感和审美感。然而，蔡译《论语》也存在语言和图像两者对立统一的情况。

基于以上研究，笔者认为中国文化典籍的对外译介，应加强对目标语读者的关注，充分研究读者心理，突破"忠实"即"对等"的桎梏，基于读者需求，发挥译者的自主性，选择合适的媒介、语言变体来呈现与目标语读者认识水平相匹配的译本。通过"文以载道"，传达文本背后深层次的、精神层面的和具有普遍意义的儒家思想，使其实现在英语世界的再现与传播。

参考文献

[1] 安然. 蔡志忠古籍漫画艺术研究［D］. 西安：陕西科技大学，2013：24.

[2] 鲍远福. 新媒体语境下的文学图像关系研究［D］. 南京：南京大学，2015：27.

[3] 蔡志忠. 庄子说：自然的箫声［M］. 北京：生活·读书·新知三联书店，1986：13.

[4] 郭园兰. 朱熹对《论语》"礼"的三维诠释［J］. 中国文化研究，2021（3）：55-68.

[5] 韩子满，黄广哲. 典籍的"演译"：典籍漫画《庄子说》的人物多模态改写［J］. 外语研究，2023（1）：81-86.

[6] 黄广哲，朱琳. 以蔡志忠典籍漫画《孔子说》在美国的译介谈符际翻译［J］. 上海翻译，2018（1）：84-89，95.

[7] 刘雪芹. 《论语》英译语境化探索［D］. 上海：上海外国语大学，2010：143-156.

[8] 李志凌. 经典漫画化：文化典籍超文本改写的理据、模式及方式［J］. 深圳大学学报（人文社会科学版），2023（1）：143-151.

[9] 龙迪勇. 图像叙事与文字叙事——故事画中的图像与文本［J］. 江西社会科学，2008（3）：28-43.

[10] 潘韩婷. 翻译研究的语言学途径：从比较语言学到多模态话语分析［J］. 中国翻译，2022（1）：18-28，187.

[11] 强晓. 海外《论语》漫画英译评鉴［J］. 上海翻译，2014（2）：48-53.

[12] 谭晓丽，BRUYA B. 中国典籍译介的漫画媒介——蔡志忠漫画中国思想系列英译

者布莱恩·布雅访谈［J］．衡阳师范学院学报，2021（1）：2，149．

［13］王建开．经典与当代的融合：中国文学作品英译的通俗形态［J］．当代外语研究，2014（10）：49-54，78．

［14］王焱．现代漫画：国际传播的重要载体［J］．对外传播，2020（8）：43-45．

［15］吴赟，牟宜武．中国故事的多模态国家翻译策略研究［J］．外语教学，2022（1）：76-82．

［16］徐明华，李虹．国际传播中的共情层次：从理论建构到实践路径［J］．对外传播，2022（8）：53-57．

［17］张小曼，卞珍香．《论语》英译新动向：从译者合作到跨媒介传播［EB/OL］.（2021-03-25）［2023-10-15］. https：//kns.cnki.net/kcms/detail/50.1154.C.20210324.1836.011.html．

［18］赵宪章．文学与图像研究：新时代的新实学［J］．文艺论坛，2022（1）：25-27．

［19］APPIAH, ANTHONY K. Thick Translation［J］. Callaloo, 1993（4）:808-819.

［20］BORODO, MICHAŁ. Multimodality, translation and comics［J］. Perspectives, 2015（1）:22-41.

［21］CELOTTI, NADINE. The translator of comics as a semiotic investigator［C］// In Federico Zanettin（ed.）Comics in Translation. New York：Routledge, 2014：29-45.

［22］JAKOBSON, ROMAN. On linguistic aspects of translation［C］//In Lawrence Venuti（ed.）The Translation Studies Reader. London and New York：Routledge, 2000：113-118.

［23］KRESS, GUNTHER. What is a mode?［C］//In Carey Jewitt（ed.）The Routledge Handbook of Multimodal Analysis. London：Routledge, 2009：54-67.

［24］KRESS, GUNTHER, VAN Leeuwen, THEO. Multimodal Discourse：The Modes and Media of Contemporary Communication［M］. London：Arnold, 2001:20.

［25］SONZOGNI, MARCO. Re-covered Rose：A Case Study in Book Cover Design as Intersemiotic Translation［M］. Amsterdam and Philadelphia：John Benjamins, 2011:4.

［26］TSAI, CHUNG C., BRUYA B. The Analects：An Illustrated Edition［M］. Princeton：Princeton University Press, 2018.

Activating Classics: A Narrative Study of the Multimodal Translation of *The Analects*

Wang Mei, Wang Fuxiang, Xia Yun

Abstract: Confucian classics, as the textual memory medium of Confucianism, are an important carrier for spreading traditional Chinese culture to the world. Chih-chung Tsai's classics comics, popular among overseas general readers, adopt folk narratives as a means of "creative transformation and development" of traditional Chinese culture. Besides, they are an ideal model of "self-centered and Sino-foreign cooperation" in the translation of traditional Chinese culture to the outside world. From a multimodal perspective, this paper explores the relationship between the verbal and visual modes, and analyses the narrative style in Tsai's comic *The Analects* from three aspects: verbal narrative, visual narrative, and "verbal + visual" narrative, to enrich the approaches to multimodal translation of Chinese classics and provide reference for the publicity of traditional Chinese culture.

Keywords: comic *The Analects*; multimodal translation; verbal narrative; visual narrative; "verbal + visual" narrative

中国时政话语流水句英译的句法象似性研究

郭春莹　高明乐[*]

摘　要：流水句是一类典型的汉语句式，因其结构松散、可断可连的特质成为时政话语翻译中值得关注的话题。新年贺词是时政话语的一部分，其中包含大量流水句现象，对时政话语流水句及其英译研究具有启发意义。以2019—2023年近五年的新年贺词为语料，透过象似性视角分析流水句及其英译，以期从深层次把握时政话语中的流水句特点，为翻译实践提供启示。

关键词：中国时政话语；流水句英译；句法象似性；新年贺词

引　言

中国时政话语翻译是提升我国话语能力、构建对外话语体系的关键一环。英汉两种语言及其文化各具特色，彼此之间存在较大差异，给翻译工作带来不小的挑战。汉语流水句英译即为其中一例，该句式结构松散、可断可连，在逻辑紧密的英文中难以寻得对应结构，也因此成为对外翻译中广受关注的话题。随着翻译的跨学科研究兴起，学者们开始借

---

[*] 郭春莹，北京语言大学博士研究生，主要研究方向为国际传播翻译；高明乐，北京语言大学教授、博士生导师，主要研究方向为翻译学，本文通讯作者。
本文系北京语言大学研究生创新基金（中央高校基本科研业务费专项资金）项目（项目编号：23YCX023）阶段性成果。

助其他学科的理论概念来解释以往困于翻译内部的问题，其中认知翻译学即认知科学与翻译研究相结合的产物，为翻译研究提供了崭新的视角。象似性是认知研究中的一个重要概念，对流水句现象具有启发意义。本文将结合象似性原则分析新年贺词中的流水句现象，并为其英译方法提供认知理据。

一　流水句及其英译研究

早在20世纪70年代末，吕叔湘（1979：27）就提出"流水句"这一概念，用来指示汉语中"一个小句接一个小句，很多地方可断可连"的句法现象。作为中国特色语言文化的产物，流水句不仅是汉语学界普遍关注的现象，也是对外翻译中的一个难点，受到外语研究者的关注。

回顾已有文献，在汉语学界有学者探讨了流水句的本体问题，包括定义、属性及语义表达问题，如赵元任（1979）、胡明扬和劲松（1989）、袁毓林（2000）、徐思益（2002）等。此外，学者们从不同维度提出流水句的分类方法。胡明扬（1984）认为流水句是无标志复句中的一种，可以进一步将其划分为主从流水句、连动流水句、承说流水句和意合流水句四类；胡萍、刘艳霞（2021）把流水句分为一点辐射型、视点流动型和视点切换型三种类型；王文斌和赵朝永（2017）认为，对流水句进行分类主要依靠主语指认，故根据主语数量划分为单主语流水句、多主语流水句和复杂主语流水句三大类。

汉英两种语言承载着不同的哲学思想，透过流水句现象可以看出英汉两种语言各自的思维和认知特征，如沈家煊（2012）认为汉语名词动词、指称述谓相互包含的现象符合中国"体用不二"的传统哲学观；何伟、闫煜菲（2022）基于流水句的英译方法，指出了汉语强调天人合一而英文倾向主客分离的特点。也有学者探讨汉英两种语言在时间、空间顺序上存在的差异来解释汉语流水句这一独特现象的内在逻辑（王文斌、艾瑞，2022；刘世英、曹华，2006；蒋平，2004）。

不同于汉语形态松散的句式特征，英文句式严密，强调逻辑关系，因此流水句不可直接对译，译者需采取适当的方法对原文句子进行重组后再按照英文行文逻辑译出。不少学者就流水句的英译问题展开讨论，如胡萍、刘艳霞（2021）结合学生译文中存在的问题，提出"焦点"和"散点"观来概括英文和中文的行文特点，并基于此提出逻辑切分、句子切分及适当显化的方法进行翻译。韦忠生、胡奇勇（2005）从《牡丹亭》英译本选取实例，总结出增加连接词的翻译方法。学者们围绕流水句的英译问题较为全面地梳理了相应的技巧、方法、策略，为同类型翻译提供了参考。

已有的流水句研究主要在文学文本中展开，但缺少理论支撑，跨学科研究数量也相对较少，多为翻译技巧的总结归纳，属于实践经验之谈。文学文本因其句式变换丰富多样，为全面研究流水句现象提供了肥沃的语料土壤，因此，目前相关研究主要关注文学作品中的流水句现象。相比于文学领域的研究盛况，政治等领域却少有人问津。但作为受中华传统体认哲学影响之下的语言现象，流水句不仅存在于文学领域，在政治等领域也较为常见。故本文基于习近平总书记近五年的新年贺词中英版本，梳理其中出现的流水句现象，并结合句法象似性原则考察此类句式在译文中如何处理，旨在丰富流水句的研究视角，加深对这类语言现象的理解。

二 象似性与新年贺词（2019—2023年）中的流水句英译

象似性（iconicity）是认知语言学的一个重要概念，指人类的语言结构直接映照认知概念结构（沈家煊，1993），部分学者也将其称为"临摹性"。1988年，许国璋首次将"iconicity"翻译成"象似性"，在国内掀起了一波关于语言象似性研究的热潮。学者们从词序（卢卫中，2002；何永国，2004等）、句法（沈家煊，1993；张健，2002等）和篇章（项成东、韩炜，2003；辛献云，2006）等不同层级分析语言的象似性特征，指出从认知角度来看，语言内部不是杂乱无序的，而是在人类认知顺序的影响下，呈现出与之高度一致的态势。

汉语属于临摹式语言（王寅，2016），注重人们认识事物的时间顺序，再加上汉语不依赖逻辑衔接等语法手段，其句子排布往往按照现实世界的时空顺序进行。这种象似性特征在语言结构的各个层级均有体现，但就句法结构而言尤其明显（文旭、肖开容，2019：77）。就象似性的分类问题，学者们将其归纳为顺序象似原则、数量象似原则和距离象似原则。这三大原则与新年贺词中出现的流水句现象的关联度较高，在很多小句排布上得到体现。

（一）顺序象似性

顺序象似性指句法结构的排列顺序与实际事件顺序相一致，学者们将其细分为时间象似、空间象似和逻辑象似。汉语不具备形态变化机制，不依赖语法衔接手段，使得语序成为判定句子意义和逻辑关系的一个重要依据。近五年的新年贺词中有相当数量的流水句遵循顺序象似性原则，因此该原则对于本研究来说意义显著。下文将结合2019—2023年新年贺词中的流水句实例，从时间象似性、空间象似性和逻辑象似性三个维度展开论述。

1. 时间象似性

新年贺词在语篇和句法上均遵循时间象似性原则。从整体语篇来看，新年贺词大致以时间顺序展开。在贺词中，习近平总书记首先回顾即将过去的一年，列举具有重要影响的事件，总结党和国家所取得的成绩，并对即将到来的一年进行展望，提出接下来的目标和任务，最后向大家致以新年问候。这样的时间顺序符合人们的认知习惯，便于理解与接受。在句法层面，新年贺词包含较多时间象似性显著的流水句结构，本节将选取有代表性的句子实例加以论证。

例1.

原文：我和同事们出访五大洲，参加了许多重要外交活动，同各国

领导人进行了广泛交流,巩固了友谊,增进了信任,扩大了我们的朋友圈。(2019 年)

译文:I and my colleagues visited five continents and attended many important diplomatic events. We spoke with state leaders about wide-ranging issues, we strengthened our friendships, we enhanced mutual trust, and we enlarged our circle of friends.

该流水句原文及译文结构可大致归纳如下:

"我和同事们—出访—参加—交流—巩固—增进—扩大"。

"I and my colleagues—visited—attended—spoke with—strengthened—enhanced—enlarged."

此句选自 2019 年习近平总书记新年贺词。汉语原文以"我和同事"作为整句的主语,引出了后面包含六个动作("出访"、"参加"、"交流"、"巩固"、"增进"和"扩大")的流水小句,各小句之间按照时间顺序排布。整句话虽无任何逻辑衔接词,但表意清晰,连贯通顺,对原文读者而言不会造成理解上的困难。这类仅包含单一主语的流水句往往时间性显著,由单一主语成分引出,后续小句按事件发生的时间顺序排列,符合人类认知顺序。

本句译文同样遵循了时间顺序,在结构上与原文保持一致。人类具有相同或相似的生理结构和认知体验,因此在思维模式上存在共通性(王寅,2017),但不同民族的生存环境和社会文化各异,加之人类的主观性,使得语言差异在所难免。由于英文不存在可断可连的"流水句",时序性并不显著,因此译者需要对原文进行调整。在此句中,译者采用适当断句、增添衔接词的方式对流水句进行切断和衔接,以符合英文行文习惯。王寅(2016)曾通过事件域认知模型(ECM)将英语长句汉译所经历的转换描述如下(见图1):

```
      英语长句                          汉语译文
  ┌─────────────┐              ┌─────────────┐
  │    EVENT    │              │    EVENT    │
  │   ⌒⌒⌒⌒    │              │   ⌒⌒⌒⌒    │
  │ Action  Being │              │ Action  Being │
  │BA+连接+BA+连接词+BA…│         │PTS：BA1、BA2、BA3… │
  └─────────────┘              └─────────────┘
```

图 1　英语长句汉译图示（王寅，2016）

由图 1 可知，事件域认知模型由事体（Being）和行为（Action）构成。英语小句之间通过衔接词连接在一起，而汉民族注重"时间感知"，主要依据实际发生的顺序认识事件，并以此组句（王寅，2016）。因此在英译汉时应打破英语的逻辑链条，将各个小句按时间等顺序融入汉语中。反过来，将汉语流水句翻译成英语时，应适时添加衔接词或适当断句，以确保英文译文的可读性。基于王寅的转换图，本文进行微调以表示汉译英的过程（见图 2）：

```
      汉语流水句                        英语译文
  ┌─────────────┐              ┌─────────────────┐
  │    EVENT    │              │      EVENT      │
  │   ⌒⌒⌒⌒    │              │     ⌒⌒⌒⌒      │
  │ Action  Being │              │  Action  Being  │
  │PTS：BA1、BA2、BA3… │          │BA+连接+BA+连接词+BA…│
  └─────────────┘              │或BA1. BA2. BA3…   │
                               └─────────────────┘
```

图 2　汉语流水句英译图示

汉语属于"临摹式"语言，时序性显著，而英语具有丰富的语法手段和曲折变化，属于"蒙太奇"式语言，时序性不明显（王寅，2016）。然而，本文以近五年的新年贺词及其英译本为语料进行研究，发现虽然英语不像汉语一样，沿着时间顺序谋篇布局，但在时政话语英译时，译文仍然体现出贴近原文的倾向，一方面确保译语可读性，另一方面在结构和意义上向原文靠近。

2. 空间象似性

在语篇层面和句法层面，新年贺词呈现出空间象似性态势。从整体语篇来看，总书记在总结过去、展望未来时，先从国家层面开始，随着叙述的推进逐渐谈及个人层面，展现出由大到小、从宏观到微观的空间性特征。近年来，不少学者指出时间象似性在解释力上稍有欠缺（蒋平，2004），认为空间象似性是时间象似性的基础，二者并非泾渭分明。时间顺序源于空间顺序，位于基本层级，从深层次统摄语言结构顺序（李英哲，2013），可以说，时间象似性归属于空间象似性（王文斌、艾瑞，2022）。王文斌和艾瑞（2022）结合汉语词汇层级探讨空间象似性的广泛存在，适用于词汇、句法、篇章等多个层级，本文将范围拓展至句法层面，分析流水句结构中空间象似性的体现。

例 2.

原文：全国又有 125 个贫困县通过验收脱贫，1000 万农村贫困人口摆脱贫困。(2019 年)

译文：Another 125 poor counties and 10 million poverty – stricken rural residents were lifted out of poverty.

这一例句选自 2019 年新年贺词。译文中省去了原文的主语"全国"，将"贫困县"和"贫困人口"设置为主语。该句反映出先大后小、先宏观后微观空间象似性原则。这里的"大"和"小"并不局限于物体体积的大小，更反映出汉民族以"礼"为原则制定的次序规则，如以老为大、以上为大、以褒为大等（王文斌、艾瑞，2022）。例 2 讲述的是脱贫成果，先交代"大"，即宏观层面 125 个贫困县脱贫，而后提及"小"，即微观层面的贫困人口脱贫。虽然英文偏好从小到大的空间顺序，但在译文中译者还是保留了先大后小的空间结构，并通过连接词"and"对两部分进行衔接，使之符合英文句法。文旭和肖开容（2019：80）提出"以象似译象似"理念，认为顺序象似性普遍存在于语言之中，译者应培养起象似性意识，在译文中尽可能再现原文的顺序象似性，以实现原文和译文在形式和功能上的一致性。

3. 逻辑象似性

逻辑象似性主要包括小句之间的顺承和因果关系。汉语中一般原因在前、结果在后，条件在前、行动在后（沈家煊，1993）。流水句中一般很少出现逻辑衔接词，为表意明确，表示原因或条件的小句往往出现在整句前部，而表示结果或动作的小句则位于整句后方，呈现出逻辑顺序象似性的态势，这种象似性原则在英文中体现得并不明显。英语具有丰富语法衔接手段，能够清晰表明句子之间的逻辑关系，因此句子位置相对灵活。

例3.

原文：经历了一年来的风雨，我们比任何时候都更加深切体会到人类命运共同体的意义。（2021年）

译文：After a year of hardship, we can understand more than ever the significance of a community with a shared future for mankind.

如例3所示，汉语原文中不含明显的逻辑词，但仍可辨认出小句1是小句2的前提和原因，按照逻辑顺序展开。翻译成英文时，译者遵守原文的逻辑顺序，但考虑到译文的通顺连贯，在小句1的句首增添"after"（在……之后）一词，将两句之间的逻辑关系外显。当原语和目标语的逻辑关系一致时，译者保留原文逻辑顺序即可（袁微，2023），但绝非追求机械对应，而是要在两种语言之间进行协调，根据受众认知方式适当调整。

（二）数量象似性

除上文论述的顺序象似性（时间象似、空间象似和逻辑象似）外，数量象似性在汉语中同样广泛存在。本节根据流水句及其英译本的特征，从保留数量象似性和改变数量象似性两个方面展开分析。

1. 保留数量象似性

沈家煊（1993）指出，一个句子的重要性和复杂度与其信息量之间存在正比关系。换言之,句子成分数量越多,它所包含的意义越复杂。因此,译者应充分考虑原文的数量象似性,为保证原语信息及意义的充分传递,应尽可能在译语中再现原文结构数量。

例4.
原文:**无论是**黄河长江"母亲河",**还是**碧波荡漾的青海湖、逶迤磅礴的雅鲁藏布江;**无论是**南水北调的世纪工程,**还是**塞罕坝林场的"绿色地图";**无论是**云南大象北上南归,**还是**藏羚羊繁衍迁徙……这些都昭示着,人不负青山,青山定不负人。(2022年)

译文:**From** the Yellow River and the Yangtze River, two "mother rivers" of the Chinese nation, **to** the limpid Qinghai Lake and the mighty Yarlung Zangbo River; **from** the South-North Water Diversion, known as a project of the century, **to** the Saihanba forest, shown as a patch of green on the map; **from** the northward trek and homecoming of elephants in Yunnan Province, **to** the migration and return of Tibetan antelopes —all these remind us that "If we do not fail Nature, Nature shall never fail us".

该例句为汉语中典型的排比句式,通过三个"无论是……还是"的排比结构,提升原文气势,在此语境下凸显保护自然的重要意义。保护自然无论是在中国还是国际社会均具有普遍价值,将原文排比句式通过英文介词结构(from…to…)保留在译语中,有利于唤起受众的情感共鸣。排比句式等重复性结构是数量象似性原则的一个典型例子,因其具有增强语势、引发共鸣的修辞作用,在政治演讲中被广泛使用。如马丁·路德·金(Martin Luther King)在著名演讲《我有一个梦想》("I Have a Dream",1963)中,8次使用"I have a dream"开头引出下文,形成气势磅礴的语篇结构,激发听众情感上的共鸣。同样地,译者为了在译文中再现原文的语势特征、保留原文修辞效果,在不违背译语规范和受众语言习惯的情况下,会尽力在译文中再现原文的重复性结构。

2. 改变数量象似性

由于英汉两种语言存在较大差异,并非所有重复性结构都适合保留于译文之中。有时译者不宜在译文中一味追求原文与译文之间的数量象似,机械地将原文中的重复性结构套译在译语中,看似保留了原文的数量象似特征,实则难以取得良好的翻译效果,不加辨别地贴合原语特征将导致译文可读性大打折扣。

例 5.

原文:在共克时艰的日子里,**有**逆行出征的豪迈,**有**顽强不屈的坚守,**有**患难与共的担当,**有**英勇无畏的牺牲,**有**守望相助的感动。(2021 年)

译文:During the days when we addressed the hardships together, **we saw** the heroic spirit of marching straight to the frontlines, holding posts with tenacity, taking responsibility to get through thick and thin, sacrifices with bravery, and touching moments of helping each other.

本句属于典型的无主语流水句,6 个小句呈流水性结构,中间用逗号连接,其中后 5 个小句均以"有"字开头,形成重复性对称结构。在翻译此类数量象似的无主语流水句时,译者首先增补主语(此处为 we),然后考虑重复结构是否适合再现于译文之中。译者将本句中的"有"处理成"we see",且仅于句首位置出现一次,并未将同等数量的原文结构保留在译文中。

(三)距离象似性

距离象似性指的是在认知或概念上相近的事物在语言结构上的距离同样相近(沈家煊,1993),即各语言成分之间的距离反映出它们在概念上的距离(文旭、肖开容,2019:91)。因此,为准确反映原文中各语言成分之间的关联,在译文中保留距离象似性是较为理想的做法。

例6.

原文：这些成就是全国各族人民撸起袖子干出来的，是新时代奋斗者挥洒汗水拼出来的。（2019）

译文：These achievements are all thanks to the hard work of people from all of China's ethnic groups, who are the trail – blazers of the new era.

例6由"这些成就"做主语引出后面两个小句。在本句中，原文的距离象似性在译文中得到较好的再现。小句2中的"新时代奋斗者"与小句1中的"全国各族人民"所指相同，因此在连接两个小句时，译者选择将句1中的"全国各族人民"作为先行词，将句2转换为定语从句进行衔接，使二者隐含的逻辑关系外显化。此外，原文中的两个小句中间有逗号相隔，距离略远，因此译文将句2转为非限制性定语从句，良好地再现了原文中两个小句的距离象似关系。但在实际翻译中，受限于两种语言本质上的差异，并非所有距离象似现象都能自然地保留在译文当中，如在汉语和英语中，修饰词和中心语的摆放位置并不相同，应根据实际情况进行调整（文旭、肖开容，2019：94）。

三　结　语

流水句是颇具中文特色的一类句式结构，在各类文本中普遍存在，是翻译实践和翻译研究的一个重点话题。正如陈安定（1998：5）所言："英语句子好比一参天大树，一串葡萄，一串珍珠，一树荔枝。而汉语好比一根竹子，一盘珠子，一江波涛。"但一溪流水也有河床控制，不是遍地漫流（徐思益，2002），一盘珠子也有容器收纳，不是任意散落。语言象似性就好比珠子的容器、溪流的河床，透过象似性视角看时政话语中的流水句现象，有助于从深层逻辑把握这类看似繁杂的句式结构，从认知层面加深对这一类句子结构的理解。从象似性视角反思汉语流水句的特征，并结合相应译本进行对比研究，有利于为同类型的翻译实践提供启示。

参考文献

[1] 陈安定. 英汉比较与翻译（增订版）[M]. 北京：中国对外翻译出版公司，1998：5.

[2] 胡明扬.《老乞大》复句句式[J]. 语文研究，1984（3）：35-40.

[3] 胡明扬，劲松. 流水句初探[J]. 语言教学与研究，1989（4）：42-54.

[4] 胡萍，刘艳霞. 从"焦点"和"散点"看汉语流水句英译技巧[J]. 外语与翻译，2021（4）：32-37.

[5] 何伟，闫煜菲. 汉英的主客融合及分离特质——以流水句及其英译为例[J]. 上海翻译，2022（1）：34-39.

[6] 何永国. 词汇拟象象似[J]. 北京第二外国语学院学报，2004（4）：1-6.

[7] 蒋平. 语言结构的空间顺序[J]. 解放军外国语学院学报，2004（1）：10-14.

[8] 刘世英，曹华. 英汉词序象似性对比研究[J]. 外语教学，2006（6）：27-30.

[9] 吕叔湘. 汉语语法分析问题[M]. 北京：商务印书馆，1979：27.

[10] 卢卫中. 词序的认知基础[J]. 解放军外国语学院学报，2002（5）：5-9.

[11] 李英哲. 空间顺序对汉语语序的制约[J]. 汉语学报，2013（1）：60-68.

[12] 沈家煊."零句"和"流水句"——为赵元任先生诞辰120周年而作[J]. 中国语文，2012（5）：403-415.

[13] 沈家煊. 句法的象似性问题[J]. 外语教学与研究，1993（1）：2-8.

[14] 王文斌，艾瑞. 汉语语序的主导性原则是"时间顺序"还是"空间顺序"？[J]. 世界汉语教学，2022（3）：319-331.

[15] 王文斌，赵朝永. 论汉语流水句的句类属性[J]. 世界汉语教学，2017（2）：171-180.

[16] 文旭，肖开容. 认知翻译学[M]. 北京：北京大学出版社，2019：77-80，91-94.

[17] 王寅. ECM和时序像似性与翻译实践：认知翻译学探索之十一[J]. 山东外语教学，2016（3）：3-11.

[18] 王寅. 基于认知语言学的翻译过程新观[J]. 中国翻译，2017（6）：5-10，17.

[19] 韦忠生，胡奇勇. 汉语流水句汉译英探析[J]. 集美大学学报（哲学社会科学版），2005（2）：82-85.

[20] 项成东，韩炜. 语篇象似性及其认知基础[J]. 外语研究，2003（1）：37-42.

[21] 辛献云. 篇章象似性与英诗汉译[J]. 解放军外国语学院学报，2006（4）：67-72.

[22] 徐思益. 关于汉语流水句的语义表达问题 [J]. 语言与翻译, 2002 (1): 10-14.

[23] 袁微. 中国特色减贫话语英译的句法象似修辞研究 [J]. 外国语文, 2023 (1): 112-122.

[24] 袁毓林. 流水句中否定的辖域及其警示标志 [J]. 世界汉语教学, 2000 (3): 22-33.

[25] 张健. 英、汉语存现句的句法象似性探讨 [J]. 四川外语学院学报, 2002 (2): 129-131.

[26] 赵元任. 汉语口语语法 [M]. 北京: 商务印书馆, 1979.

A Study on Syntactic Iconicity in the Translation of Run-on Sentences in Chinese Political Discourse

Guo Chunying, Gao Mingle

Abstract: Run-on sentences are typical of the Chinese language. This type of sentences deserves special attention in translation due to its loose structure and comparatively independent nature of each sentence within. As part of the political discourse, the New Year addresses contain numerous run-on sentences and will shed light on the study of C-E translation of this type of sentences in political texts. Based on the New Year addresses and their translations from 2019 to 2023, the study aims to explore the nature of run-on sentences and their translations, so as to better understand such sentences and offer inspiration for translation practice.

Keywords: Chinese Political Discourse; the Translation of Run-on Sentences; Syntactic Iconicity; New Year Address

作为传播效果检验手段的文化回译

——以高居翰中国绘画史著述汉译中的术语回译为例

李娟娟[*]

摘　要：鉴于艺术史研究的跨语境特征，国内艺术史研究者对外国艺术著述进行译介、梳理、研判，进而反观自身，成为学科发展的需要。近年来，不少外国学者撰写的关于中国绘画史、美术史著述被引介回国内，形成一种文化回译现象。本文以美籍中国绘画史学者高居翰英文著述汉译中的术语回译为例，梳理其回译策略及分布特点，以此探究不同策略下被回译的术语所体现的前期文化传播效果。研究发现，高居翰著述汉译中的术语回译以还原策略为主，重构策略为辅，少量采取异化策略的术语反映了客文化系统的改造作用，前期文化传播中器物知识的接受程度明显高于制度知识、价值知识。本研究展现了文化回译作为一种文化传播效果检验手段的意义，可为未来的文化和学术外译提供有益参考。

关键词：文化回译；传播效果；高居翰；中国绘画史

---

[*] 李娟娟，北京外国语大学高级翻译学院博士，主要研究方向为翻译研究、跨文化传播研究。

引　言

翻译史上，回译（back translation）活动由来已久。据王正良（2006：16）考证，早在唐朝，玄奘就进行过回译活动，将久已失传的印度佛教哲理名著《大乘起信论》根据中文回译为梵文。在翻译研究中，回译往往被看作一种翻译策略，一种"寻根溯源的文本考证活动"（陈志杰、潘华凌，2008：55），主要作为检验译文质量的手段。但仅从原文和译文的文本关系看待回译，并不能全面把握回译的意义，也无法涵盖现实中的回译活动。近几十年来，随着中国文化在世界影响力的增强，中国本土文化内容传至海外、由西方学者书写又被译回汉语的个案越来越多，外国学者以中国文化为题材的作品中译是伴随全球化进程深入而日益涌现的一类特殊翻译现象。如果说语言回译是为了发现和认识两种语言之间的文本对应关系、语义对等等问题，那么文化回译的特点就在于它能揭示源语文化与目标语文化之间的文化关系。中国本土文化在海外的传播效果如何？是否在"走出去"的同时已经"走进来"？中间有无嬗变误读？文化回译现象能够为此提供一种参照。

一　文化回译研究现状

最早明确提出回译之文化意义的学者是王正良（2006）。他认为，从拟译文本回到原文化文本的过程"不是一个静止的存在，而是一个动态过程"，还指出"回译是文化的升值"（王正良，2006：41），回译对于文化传播的意义在于其能够"检验文化传播的效果"，并"激活淡忘的文化成果"（王正良，2006：125 - 128），这样的论述很有见地，但未能深入探讨。

谭载喜（2018：4）明确将"用 A 语书写或叙述的发生在 B 语环境里的原始故事（包括人和事），翻译成 B 语言"的翻译现象定义为"文化回译"（cultural back - translation），并强调"它不是或主要不是语言层面，而是语境层面、文化层面的'回归'"。文化回译的核心问题与文化相关，是"原作……在通过翻译这个途径回到原初文化语境的过程中，原创所叙述的目标文化或目标民族/目标人物形象，在目标文本中如何被呈现或再现出来。……'文化回译'往往是发生在（整体）文本层面的翻译"。其内涵通常覆盖"语言回译"，是一种"回归源文化"行为（谭载喜，2018：6）。这一界定为回译研究打开了新视角。

目前关于文化回译现象的研究多涉及游记传记、文学作品等，鲜见对于非文学类文本文化回译的研究，对学术文本的回译关注较少。如梁志芳（2013）以赛珍珠中国题材小说《大地》的汉译为例，分析其文化回译中所揭示的中西方权力关系、中国形象的互文性建构，提出文化回译研究必须抓住"双重语境化"、"自我—他者"关系、自我形象的互文性建构等问题，对文化回译的研究方法提出有益的见地，但对文本本身关注较少。Sun（2014）以美国华裔文学为对象研究文化回译中的跨文化再创作（transcultural reinvention），指出当这些以中国文化为"原本"的美国文学再次被译入中文时，呈现出奇特的语言和文化移置（displacement），不仅将中国文化陌生化，也将其创造性地融入美国文学中，呼应了翻译的创造性和复杂性本质；罗鹏、许明武（2021）将文化回译与中国形象建构相结合，分析非虚构写作在回译中译者采用形象还原和形象重构方式在目标语语境中建构中国形象。张亚权（2005）与顾毅、张卉萱（2021）关注到了学术文本回译中的勘误和技巧问题。国外学者近年来也有对文化回译的关注。帕茨玛兹（Pasmatzi，2022）将英语语境下书写的希腊内战著作再翻译成希腊文传播到希腊的现象称为"文化遣返"（cultural repatriation），结合布迪厄有关文化转移（cultural transfer）的社会学理论及叙事学理论，论证这一过程中审美、意识形态等因素的制约，以及具体推介、翻译和消费过程中的策略如何挑战或强化了霸权模式及其历史叙事模式，并在文化协商中重新建构文化类别。他所使用的社会翻译学研究方法对我们继续研究无本回译/文化回译现象有较好的启发意义，而他所谓的"文化遣返"即"文化回译"。

在具体回译策略上，谭载喜（2018：5，8）将回译策略分为"还原式"和"建构/重构式"两种（语言回译和文化回译皆是如此）。所谓"还原式"就是回译文本还原成最初的 A 语文本，或忠实还原 A 语文化形象；而"建构/重构式"则是未能还原文本或文化形象、"对原文本进行'创造性/再创性'建构的翻译"。但区别于语言回译，文化回译涉及的核心问题是原作"在通过翻译这个途径回到原初文化语境的过程中，原创所叙述的目标文化或目标民族/目标人物形象，在目标文本中如何被呈现或再现出来"（谭载喜，2018：6）。

从具体的词汇、句子层面探讨在回译时如何还原中国文化专有词（Chinese culture‐specific items）是最常采用的研究方法。如庞艳艳（2008）讨论了《京华烟云》中译本中涉及的中国文化负载词、言语典故的翻译问题；魏平（2013）分析涉华社科类图书中涉及中国元素的回译策略，提出译者不仅有忠实于原著的责任，也有忠实于中国客观事实与文化常识的权利，要发挥译者主体性，发现错误及时更正并反馈给读者。克劳迪和海尔泰（Klaudy & Heltai，2020）则通过对用英语书写的以匈牙利文化为背景的小说文本中文化专有项的回译进行分析，发现在文化回译中，归化是主要策略，异化很少。他们将文化回译中的归化具体分为三种，一是再归化（re‐domestication，对源文本中已归化的目标语文化专有项再次归化），二是还原（repatriation，源文本中异化表述的还原，因异化表述更多保留了来自目标语文化的痕迹，回译较为直截了当），三是额外归化（additional domestication，源文本中无法明确识别为目标语的文化专有项，但被回译成目标语的文化专有项），这种情况大多是由于译者故意要增加目标语的本土特点，应属于一种重构。比如使用目标语的熟语、特定表达、特定文辞，在译文中明晰化原文的意思或文内加注。值得注意的是，克劳迪和海尔泰（2020：58）发现文化回译中常采取的归化策略与普通翻译中的归化策略不同，如改述在文化回译中没有泛化，归化的目的和效果也不同，丰富了我们对于归化、异化等翻译策略的认识。

贝克（Baker，2018：25‐43）也曾总结了一系列翻译文化专有项

(CSI)的策略，如用上位词代替、用更中性的词代替、用相近的文化替代词（cultural substitution）翻译、借用外来词（loanword）或加注、改述（paraphrase）、省译等。这些均与克劳迪和海尔泰（2020）所提之再归化策略类似。那么，在文化回译中，是不是使用这些策略的反向策略就可以还原至原文化项呢？比如，还原至更精确的下位词、去除原注释、将改述还原成相关词汇、增译等。

综上所述，目前学界对文化回译的关注主要集中于文学文本，关注点也主要停留在具体的回译策略上，未能深入探究策略背后的动因与意义。文化回译的本质精神是"文化回归"，其所揭示的是源语文化与目标语文化之间的文化、政治和历史关系。研究文化回译现象，可以透过"他者"视角审视自我，形成新的认识，并且帮助我们"了解两种文化接触并相互影响的过程和方式"（胡翠娥，2018：88），是一个值得挖掘的课题。

二 艺术史话语的文化回译与高居翰的中国绘画史研究

如今，随着经济社会的发展，大众对文艺生活的追求逐步提升，对艺术知识的需求不断增长，艺术类出版物日渐增多。在学界，艺术史研究的跨语境特征日益明显（曹意强，2011：6），国内研究者对外国艺术著述进行译介、梳理、研判进而反观自身，也成为学科发展的需要。在这一背景下，出现了不少关于中国绘画史、美术史的西方著述的汉译。比如，美国著名的中国绘画史专家高居翰（James Cahill，1926—2014）的著述近年来陆续由生活·读书·新知三联书店翻译出版。高居翰是最早将海外汉学研究与德国传统的艺术史研究相结合并取得成功的艺术史家，在西方的中国绘画史学界拥有较高影响力，并被誉为讲述中国古典艺术故事的第一人。

艺术史研究的跨语境特征，决定了语言是其中的重要因素。有艺术史学者关注到了这一点，提出"语言问题往往就是艺术史研究本身"

（王菡薇，2005：77），而翻译对艺术理论研究具有重要意义（沈语冰，2015）。但翻译界对艺术话语这一知识话语类别的研究却付之阙如。艺术作为文化的一种表现形式，其发展历程、形式表现、特征演变均与所处的文化有着千丝万缕的关系。中国的文化通过艺术话语的翻译和回译研究，可以为我们打开窥见不同文化间关系的一扇窗户。高居翰用英文书写的中国绘画史著述的汉译，是中国绘画史作为一种地方性知识通过译介与阐释被转化为世界性知识，又回归地方性的典型例证。因此，本文试图探究以下问题：第一，高居翰著述汉译中术语的回译使用了哪些文化回译策略？第二，不同策略下被回译的术语各自体现了怎样的文化传播效果？

三　文化回译策略分类及标注

本研究分析的文本是高居翰两本关于中国绘画史的著述：《图说中国绘画史》（以下简称《图说》）与《气势撼人》（以下简称《气势》）的汉译本，前者原文是作者在20世纪60年代撰写的，后者是作者在80年代初出版的大学讲稿合集。

笔者首先对两本著述的英文原文和汉语译文进行细读，熟悉高居翰艺术史观点及主要关切。然后使用UAMCorpus Tools对汉译文本进行文化回译策略标注。标注前先制定赋码表（code list），即标注所使用的框架（coding scheme）。本文主要关注的是艺术史相关术语的回译，综合谭载喜（2018）关于回译策略"还原"和"建构/重构"的区分、克劳迪和海尔泰（2020）对文化回译策略的归类（再归化、还原、额外归化），并结合普遍翻译策略（如显化、隐化、补充、删减、信息增益或损失、超额翻译、欠额翻译等，均属于不同程度的重构），将文化回译策略如表1进行分类，并在语料标注中以此为类目。同一术语或文化项在一个文本中再次出现时不作重复标注。

表1　文化回译策略标注分类

策略类别		界定标准	示例
还原	回归	源文本中异化表述的还原	高居翰直接使用音译（transliteration）（很多时候加上英文解释）指涉中国绘画词汇或文化现象，如 li, baimiao
	再归化	对源文本中已归化的目标语文化专有项进行再次归化	西方中国绘画史学界普遍使用的术语 texture（皴法）
重构	额外归化	源文本中无法明确识别为目标语的文化专有项，被回译成目标语的文化专有项	如将"scholar"译为"高士"
	异化	直译源文本中已经归化或经改造的目标语文化专有项	如将"amateur painter"译为"业余画家"

四　术语回译对文化传播效果的检验

本研究中的文化传播效果是指某一术语在目的语学术语言中的含义所指与原文化中术语含义相符的程度，主要通过回译时译者所采取的还原策略及重构策略使用频率占比来衡量。换言之，如果某一术语能够回归或者再归化，亦即主要使用还原策略就可完成回译，说明该术语前期的传播效果较好，在目的语学术语言中基本保留了原文化中的术语含义。如果回译时译者主要采取重构策略，需要进行额外归化、异化手段完成回译，则说明该术语前期的传播效果欠佳，受到了目的语学术话语的化约。

经过标注、统计后发现，两本著述汉译使用的术语回译策略分布如表2所示。

从统计结果来看，两本著述中术语回译所采取的策略均以还原为主，重构为辅。在还原策略中，也都是回归策略多于再归化策略，但相比之下，《气势》采用再归化策略更多，《图说》采用回归策略更多。在重构策略中，两本著述也都以额外归化为主，异化只是极少数情况（却是文化回译中值得关注的情况），而且《图说》的异化策略比例高于《气势》。整体而言，《图说》的重构策略也高于《气势》。

表 2　两本著述术语回译策略统计

策略类别		《图说》		《气势》	
		数量	比例	数量	比例
还原	回归	151	56.13	132	52.17
	再归化	62	23.05	78	30.83
重构	额外归化	48	17.84	40	15.81
	异化	8	2.98	3	1.19
总计		269	100	253	100

区分回归和再归化可以发现有哪些中国画论术语已被以高居翰为代表的西方艺术史学者吸收归化，哪些还没有。采用再归化策略的，是已经被源文本中归化了的目标语术语。这部分在源语中不容易被发现，需要译者甄别，特别是作者使用改述、替代或泛化的方法翻译的，在回译时是最难、最需要译者做考证、最考验译者艺术史背景知识的。其中涉及中国传统画论术语的较多，高居翰都对其进行了解释或改述，如："妙品"（the marvelous）、"神品"（the divine）、"能品"（the competent）、"逸品"（the untrammeled）、"巨嶂山水"（monumental landscape）、"气韵生动"（engendering movement through spirit–resonance）、"矾头"（alum rock）、"摹仿"（imitation）、"填彩"（color wash）、"幻境山水"（imaginative landscape）、"意象"（image）、"拙"（awkwardness）等。这样的功能性翻译是高居翰在西方视觉文化话语系统下做出的对等选择，不可避免会造成一定的语义损失，西方读者无法从中充分知晓和理解中国绘画形式及画论的特定含义。回译时，只有凭借译者的艺术史专业知识才能将其再次归化，并根据上下文作出调整。比如，"awkwardness"在不同上下文，译者将其再归化为"笨拙""朴拙""拙涩""古拙""拙气"，因为"拙"在中国画论评价体系中显然不是awkwardness所隐含的贬义。译者采用再归化的策略，也说明在英文中该词的意义已经被重构归化（见图 1）。

File	Pretext	[word="拙"]	Posttext
Texts/CP-1.txt	条在某种程度上的僵化，以及一些表现相对笨	拙	的线条--特别是手部--使我们警觉到，它...
Texts/CP-16.txt	最为明显，无论造成的印象是如何的松弛或笨	拙	，我们反应该了解，这都是故意的；中国画中再...
Texts/CP-17.txt	远眺荷塘，一只脚歇息在矮凳上，人物姿态抨	拙	，除画面简单的舒逸情趣以外，它们并...
Texts/CP-17.txt	论点和矛盾，例如：跃升为某种特殊技巧的笨	拙	画法，借仿古风格（archaism）以逸...
Texts/CP-8.txt	地变形：有时候精神上很复古、有时童稚而朴	拙	的风味可以回溯到远古时期，那时候，绘画上...

File	Pretext	[word="拙"]	Posttext
Texts/Text-1.txt	转换的难题。原欧洲画家在处理上，显得相当	拙	涩，而张宏则采中国作风，以云雾遮掩了部分...
Texts/Text-2.txt	更近乎真况他以仰慕的口吻称呼董其昌是位	拙	的画家。（自然而然，王季迁并非引用...
Texts/Text-2.txt	"拙"的画家。（自然而然，王季迁并不引	拙	"字所惯有的贬损之感，而最取其重量，天...
Texts/Text-2.txt	点。董其昌的山水非自然、不美，而且充满了	拙	气，其所表现的并非画家的灵巧，而是他的执...
Texts/Text-2.txt	他的执著，正印证了王季迁对董其昌的评价"	拙	"。为了克服这类作品在画评推评上所引起的...
Texts/Text-2.txt	值，一位艺评家在谈到鉴尚时，写道：他的"	拙	气显示了画家感人的真诚"（his "aw...
Texts/Text-2.txt	性联想等等在这些技巧上，董其昌一点也不笨	拙	。而且，也正是在这些方面，职业画家较处于...
Texts/Text-4.txt	这样的凭借为他们的作品平添了一股特殊的古	拙	之风-但是，就某些角度而言，他们虽以古代...
Texts/Text-4.txt	到画比较亲近的性格，人物的形体有几分	拙	况味，并且被刻画成传统式的人物，而陈洪绶...
Texts/Text-4.txt	其难以亲近的性格，此中有着一股特意营造的	拙	气，可从卷中人物的怪异比例看出，辉映了晚...
Texts/Text-6.txt	作品；例如，其中一幅【图 6.41】以笨	拙	的堆叠方式来形成对角交叉的构图，简直可以...

图 1 "awkwardness"的回译

　　采用回归策略的是源文本中异化表述的还原，由于异化表述更多保留了来自目标语文化的痕迹，这部分术语较容易还原，也说明了这部分是被源文本尽可能保持了原汁原味保留下来的中国画论术语，比如派别名称（"松江派""浙派""狂禅派""李成画派"），基本绘画术语（"笔墨""仿古""挂轴""立轴""皴法""白描""气势"等），以及大量的画作名称。

　　由此可见，至少在高氏撰写这两本著述时，虽然西方涌起的中国绘画研究已达到高峰，但对中国画论本身的吸收还停留在最基本的技法术语上，对更抽象的画论精神，基本是在用英语思维去阐释、解释。这些术语因其"认知层面的抽象性、鲜明的历史性和阐释的语境性"（蒙岚，2021：56）而在对外传播时颇具难度和复杂度，较难进入对方文化和学术系统。

　　文化回译中的异化策略此前未得到足够重视。学界一般认为，在文化回译中采取异化策略极为少见（Klaudy & Heltai，2020）。但海外汉学研究中，汉学家对中国文化文本的理解和重新阐释，使得术语在跨语境的使用中不可避免发生了嬗变。源文本中看上去来自目标语文化（可称为"主文化"，host culture）的术语已经携带了源文本文化（可称为"客文化"，guest culture）社会语境、学术语境特征，在回译时，是为达到原汁原味而"返璞归真"，还是忠实于原文、保留异质性，这是译者需要做出的决策。也恰是这部分术语，最容易隐藏客文化系统改造作用，采取异化策略能够显化这一"改头换面"的过程。在《图说》中，译者采取异化策略进行回译的术语有：

线条　brushstroke
幻觉凹凸法 illusionistic shading
学院主义 academicism
山水结拼法 compositional formula
业余画家 amateur painters
质理 texture
复古主义 archaism
借喻 allusion

而在《气势》中，采取异化策略的仅有：
业余文人画家 amateur literati painters
业余文人画 amateur literati painting
线条化 spare

出现这样明显的差异，除了原文本身的因素，译者的文化态度是一个重要因素。《图说》译者李渝是高居翰的弟子，拥有艺术史教育背景，常年居住在美国，而《气势》则由国内团队译者合译而成。孙艺风（2006）曾引入"文化离散"（cultural diaspora）的概念，按照这一定义，李渝显然是一位离散译者。长期在异域生活，对异域事物的直接体验并不会导致个体身份的丢失或遗弃，反而有可能让个体拥有双重身份。文化离散往往带来关于家和/或家文化概念的创造性解释。这种文化的移位导致文化杂合体的产生，文化杂合体又反过来引领读者（以及译者）重新发现自己的文化传统（孙艺风，2016：112）。正如李渝在译者序中强调，风格"即一套独特的视觉语言"，"与绘画关系最为密切的风格是西方美术史研究的主题,却是今日中文作者最陌生的一个范畴,《图说中国绘画史》能够简明地指引出一个方向"(李渝,2014:12),从而指出翻译此书的目的之一便在于引入新的读画视角,丰富描述视觉的语言。因此,李渝出于自身的艺术史背景,一方面更敏感于高居翰所用术语与中国画论术语的细微区别,进而尽可能忠实呈现原文,另一方面也更倾向于将一般性话语重构成专业的话语,以达到丰富充实汉语的艺术形式语言的目的。如将 forms 译成"视觉形式",compositional formula 译成"山水结拼法",anecdotal content 译作"风俗轶事性内容"(李渝,2014:176),一如弗洛伊德著述的英译者有意使用抽象、复杂、专业的医学词汇翻译弗氏实际较为日常的用语,即"理性化现象"(孙飞宇,2022)。相比之下,国内译者似乎更多受到"读者期待归化的译文"(叶红卫,2016)的规范影响,试图更多采用再归化的策略来达到原汁原味。

一般来说,术语的跨语际复制在初始阶段,往往倾向于"归化",以便于被译入语文化认知与接受。经过一段时间,当源语术语的概念在译语文化中得到较为深入的认知,则有可能有重新阐释的需要,使其更符合属于本身概念传递的准确性(魏向清、张柏然,2008:86)。就文化回译中的术语而言,来自主文化的术语被客文化归化,再返回主文化时,能够直接还原的部分说明其已被客文化接受,未加以重新阐释,或者已经被重新阐释了,但回译时因种种原因,译者没有意识到。那些已经在客文化被重新阐释或改造的术语,在返回主文化时,为了保留客文化新赋予的意义,采用异化策略,则将是对主文化的一种反哺(李娟娟、任文,2022)。当然,这其中也涉及主文化与客文化之间的文化关系强弱问题,在不同历史时期,可能呈现不同的特点。因篇幅所限,本文对此不做详细讨论。

文学艺术术语是中华思想史的重要组成部分,其背后是深厚的中国哲学文化根基。孔子思想的基础就是诗书礼乐。根据孔子学说,诗与乐是达到仁的境界的途径,可见传统上,文艺精神、文艺思想与政治、道德思想等很难互相剥离(袁济喜,2017:2)。因而,文学艺术术语是中华思想文化的重要构成，反映着中国文化的深层结构。在新近编纂的《中华思想文化术语》中，可以发现有相当一部分术语来自文学艺术领域，包括理、象、意境、气韵、雅俗、写意、高古、浓淡等，可见这些术语确属于尚未被西方读者了解、熟知，还存在大量误解、误读，因而需要正名的术语。文化回译作为一种检验手段，可以为此类思想文化术语编纂工作提供依据，注意在传播器物知识的同时，要更重视制度知识、价值知识的传播。胡适曾说，文化的接受与选择，具有"自然""自由"的条件。自由选择不同文化、接触不同文化，接受或拒绝，有其必然的道理，不外以其所有易其所无，但这种仅限于物质。器物层面总是容易接受，而涉及思想、制度等层面，抵抗力就大得多。也可以借用伊维尔森（Ifversen，2011：70）对概念的意义的分类来说明，即再现（representational）意义和指涉（referential）意义。所谓再现意义，反映的是语词和概念之间的关系，而指涉意义反映的是概念与事物之间的关系。从上述的分析来看，涉及指涉意义的概念术语在跨文化迁移时较容易保持不变，或者因为存在实体而可以对照；而再现意义的概念术语最容易在跨文化迁移时因其再现所参照的体系、话语系统不同而产生意义的嬗变，因为概念与语词之间并不存在一对一的关系。加之艺术和美学术语本身具有内涵上的丰富多义性，不同时代、不同个人因其所属文化和知识信念系统的差异，这种多义性无疑提供了丰富阐释空间和意义潜势。因而，在文化回译时，译者需要厘清原作作者学术思想所处的话语体系，确定其使用术语的侧重含义，并且在忠实于原文的基础上，发挥研究型翻译的优势，尽量凸显西方学者对中国文化现象的"他者"视角。

五　结　语

本文通过对高居翰两本中国绘画史专著汉译中术语回译所使用策略的梳理与分析，发现两本著述的术语回译均以还原策略为主，重构策略为辅。少量采取异化策略的术语反映了客文化系统的改造作用。以高居翰为代表的西方艺术史学者对中国画论术语的接受大多停留在基本的技法术语上，对更抽象的画论精神，大多是用英语思维去阐释、解释。正如文本回译可以作为一种检验译文质量的手段，文化回译也可以作为一种检验文化传播效果的试纸。对于源自主文化、已被客文化吸纳、同化或者改造的术语，在回译至主文化时，译者采取的不同策略，恰能反映该文化术语传播译介的效果。如能对某一领域、某一主题的异语书写回译进行历时性研究，可以发掘该领域的知识话语在长期的跨语境应用中是否逐步发生谱系演化，则更能对未来的文化和学术外译提供有益参考。

文化元素符号是一种鲜明的、直接的传播工具，能够迅速激起读者对异域文化的感知与把握，而这种感知很多时候是被前见和刻板印象框定的。当文化仅以表面的、浅显的符号进行传播时，可能会阻止文化间的深层互动与交流。跨文化传播的核心应该是一族的文化内核，是符号所内嵌的文化心理和思维系统。因而，跨文化传播在一定程度上有赖于不同知识体系之间的交融与通约。

参考文献

[1] 曹意强. 跨语境之鉴：高居翰中国绘画史文集序 [A] // 范景中，高昕丹. 风格与观念：高居翰中国绘画史文集. 杭州：中国美术学院出版社，2011：6-13.

[2] 陈志杰，潘华凌. 回译——文化全球化与本土化的交汇处 [J]. 上海翻译，2008 (3)：55-59.

[3] 高居翰. 图说中国绘画史 [M]. 李渝，译. 北京：生活·读书·新知三联书店，2014.

[4] 高居翰. 气势撼人：十七世纪中国绘画中的自然与风格 [M]. 李佩桦，等译. 北京：生活·读书·新知三联书店，2009.

[5] 胡翠娥. 从"文化回译"看《天主实义》中几个重要术语的英译——兼论托马斯·阿奎那的上帝论和人性论 [J]. 中国翻译，2018 (4)：87-95.

[6] 顾毅，张卉萱. 无本回译视角下蒋彝《中国书法》两个中译本对比分析 [J]. 民族翻译，2021 (3)：46-52.

[7] 李娟娟,任文.知识翻译学视角下的文化回译与知识反哺——以高居翰中国绘画史著述中 amateur painters 的回译为例[J].当代外语研究,2022(6):46-54.

[8] 梁志芳."文化回译"研究——以赛珍珠中国题材小说《大地》的中译为例[J].民族翻译,2013(1):10-17.

[9] 罗鹏,许明武.文化回译对改革开放中的中国形象建构——以"译文纪实"系列丛书译介为例[J].民族翻译,2021(1):59-68.

[10] 蒙岚.中华传统思想文化术语英译的对外传播研究[J].上海翻译,2021(3):56-60.

[11] 庞艳艳.返璞归真最是信——Moment in Peking 中对姚木兰形象描写的两中文译本比较[J].洛阳师范学院学报,2008(4):145-147.

[12] 沈语冰.翻译与西方现当代艺术理论研究——在第二届"当代艺术思想论坛"颁奖仪式上的演讲[J].当代美术家,2015(5):10-13.

[13] 孙飞宇.从灵魂到心理:关于经典精神分析的社会学研究[M].北京:生活·读书·新知三联书店,2022.

[14] 孙艺风.离散译者的文化使命[J].中国翻译,2006,27(1):3-10.

[15] 孙艺风.文化翻译[M].北京:北京大学出版社,2016.

[16] 谭载喜.翻译与国家形象重构——以中国叙事的回译为例[J].外国语文,2018(1):1-10.

[17] 王菡薇.方法与对象:两种中国视觉艺术研究的实践[D].南京:南京师范大学,2005.

[18] 王正良.回译研究[D].上海:上海外国语大学,2006.

[19] 魏平.涉华社科图书中中国元素回译的"忠实"原则——《中国大趋势——新社会的八大支柱》译后[J].山东外语教学,2013(1):105-108.

[20] 魏向清,张柏然.学术摹因的跨语际复制——试论术语翻译的文化特征及研究意义[J].中国外语,2008(6):84-88,94.

[21] 叶红卫.海外英文汉学论著翻译研究[J].上海翻译,2016(4):37-42.

[22] 袁济喜.论中华思想文化与文艺术语的特质[J].甘肃社会科学,2017(1):1-7.

[23] 张亚权.论学术翻译的文献回译——以梅尔清《清初扬州文化》中译本为例[J].南京大学学报(哲学·人文科学·社会科学),2005(3):128-136.

[24] 中华思想文化术语编委会.中华思想文化术语(第2辑)[M].北京:外语教学与研究出版社,2015.

[25] BAKER M. In Other Words: A Course Book on Translation (2nd ed.)[M]. London & New York: Routledge, 2018.

[26] IFVERSEN J. About Key Concepts and How to Study Them[J]. Contributions to the History of Concepts, 2011, 6(1): 65-88.

[27] KLAUDY K, HELTAI P. Re-domestication, repatriation and additional domestication in cultural back-translation[J]. Across Languages and Cultures, 2020, 21(1): 43-65.

[28] PASMATZI K. Theorising translation as a process of "cultural repatriation": A promising merger of narrative theory and Bourdieu's theory of cultural transfer[J]. Target, 2022, 34(1): 37-66.

[29] SUN, Y. F. Translation and back translation: Transcultual reinventions in some Chinese American literary works[J]. Asia Pacific Translation and Intercultural Studies, 2014, 1(2): 107-121.

Cultural Back-translation as a Litmus for Dissemination Effects

—A Case Study on the Back-translation of Art Terms in James Cahill's Works on the History of Chinese Painting

Li Juanjuan

Abstract: In view of the cross-context characteristic of the studies of art history, domestic art history researchers has resorted to the translation of foreign scholars' research on Chinese art history as a reflexive approach. In recent years, many works written by foreign scholars on the history of Chinese painting have been translated back to China, a phenomenon known as cultural back-translation. This paper takes the back-translation of terms in the writings of a famous American art historian James Cahill as an example, to sort out its back – translation strategies and distribution characteristics, so as to explore effects of dissemination of Chinese art terms overseas. The study finds out that the back – translation of terms mainly adopts a repatriation strategy, supplemented by a reconstruction strategy, and a small number of terms are translated using foreignization strategy, which reflects the transformation undergone in the guest culture system. The results show that acceptance of artifact knowledge in the early cultural communication is better than that of institutional and value knowledge. This exemplifies the significance of cultural back – translation as a means of testing the effect of cultural communication, which can shed light on cultural and academic translation.

Keywords: cultural back – translation; dissemination effects; James Cahill; history of Chinese Painting.